AF296846

NOTICE

SUR LES

DÉPÔTS LITTÉRAIRES

ET

LA RÉVOLUTION BIBLIOGRAPHIQUE

DE LA FIN DU DERNIER SIÈCLE

D'après les Manuscrits de la Bibliothèque de l'Arsenal

PAR

J.-B. LABICHE

CONSERVATEUR A LA BIBLIOTHÈQUE DE L'ARSÉNAL.

———

PARIS

TYPOGRAPHIE DE A. PARENT

RUE MONSIEUR-LE-PRINCE, 29 31

1880

NOTICE

SUR LES

DÉPÔTS LITTÉRAIRES

ET

LA RÉVOLUTION BIBLIOGRAPHIQUE

DE LA FIN DU DERNIER SIÈCLE

D'après les Manuscrits de la Bibliothèque de l'Arsenal

PAR

J.-B. LABICHE

CONSERVATEUR A LA BIBLIOTHÈQUE DE L'ARSENAL.

PARIS

TYPOGRAPHIE DE A. PARENT

RUE MONSIEUR-LE-PRINCE, 29-31

1880

Jean-Baptiste LABICHE

CONSERVATEUR A LA BIBLIOTHÈQUE DE L'ARSENAL

Chevalier de la Légion d'honneur,
Commandeur de l'ordre d'Isabelle la Catholique,
Chevalier de Saint-Maurice et de Saint-Lazare.

NÉ A COUTANCES (MANCHE)
LE 4 VENDÉMIAIRE AN XIV (25 SEPTEMBRE 1805),
MORT A PARIS LE 5 MAI 1879.

INTRODUCTION

Depuis l'époque de la renaissance des lettres dans l'Oc-
cident, l'histoire littéraire ne présente aucun épisode plus
intéressant que celui dont nous allons essayer de retracer
les phases diverses. La Révolution française, en réunissant au domaine de l'État les biens et, avec eux, les bibliothèques des anciennes corporations religieuses et des émigrés, avait amassé d'immenses collections bibliographiques
qu'elle voulait conserver et qu'il fallait garder, en attendant le moment d'en disposer utilement pour l'instruction
du peuple. De là, les DÉPÔTS LITTÉRAIRES établis au début
de cette grande époque. Le rôle que ces établissements
temporaires ont joué dans la réunion et, plus tard, dans
la dispersion et la réorganisation des grandes collections de
livres à la fin du dernier siècle, mérite une étude attentive,
et il nous a paru intéressant d'entrer à cet égard dans
quelques détails puisés, pour la plupart, dans des documents authentiques qu'il nous a été donné de classer (1).

(1) **Archives des Dépôts littéraires,** manuscrits de la Bibliothèque
de l'Arsenal, Histoire française, 872 ter ª (nouveaux numéros 6487
à 6513), 27 vol. in-f° et in-4°.

Voici, volume par volume, ce que contient cette collection :

Le volume 1 : la statistique des dépôts, les états des bibliothèques
ecclésiastiques et civiles qui y furent réunies, les états du personnel et
quelques pièces relatives aux travaux intérieurs.

Les volumes 2, 3 et 4 : les pièces relatives à l'organisation, aux rè-

Nous allons donc exposer brièvement les principes sur lesquels ces grands Dépôts furent établis au commencement de la Révolution, la provenance et l'importance des anciennes bibliothèques, religieuses ou laïques, qui furent réunies dans leur sein, leur organisation, leur gouvernement, leurs travaux intérieurs sous l'Assemblée constituante et sous la Convention, leur réunion et leur liquidation sous le Directoire et sous le premier Empire, le nombre enfin et la destination des collections bibliographiques qui en sortirent, et qui sont encore à cette heure la base et la part la plus nombreuse et la plus riche des bibliothèques publiques ou spéciales, politiques, adminis-

glements, à l'administration des dépôts, à la correspondance, aux prêts, dons, échanges et ventes de livres contenus dans les dépôts.

Les volumes 5 à 10 : les catalogues des anciennes bibliothèques ecclésiastiques et civiles réunies dans les dépôts.

Les volumes 11 et 12 : les pièces relatives aux restitutions faites, en vertu du décret du 23 prairial an III, aux condamnés et aux émigrés.

Les volumes 13 à 16 : les listes des livres tirés des dépôts pour les quatre grandes bibliothèques publiques, conservées, et les correspondances relatives à cette opération.

Les volumes 17 et 18 : les listes des livres tirés des dépôts pour les Corps politiques (Comité de Salut public, Directoire, Consuls, Corps législatif, Conseil d'Etat, Tribunat).

Les volumes 19 et 20 : les emprunts faits aux dépôts pour les bibliothèques des ministères et des administrations qui en dépendent.

Le volume 21 : la bibliothèque du Tribunal de cassation.

Les volumes 22 et 23 : les listes des livres accordés aux bibliothèques des Ecoles centrales et aux Villes des départements.

Le volume 24 : les bibliothèques militaires : écoles d'Artillerie, Polytechnique, Saint-Cyr, Génie, Invalides, des Pages, etc.

Le volume 25 : les bibliothèques ecclésiastiques données aux Évêchés, aux Cures, aux Missions, aux Communautés protestantes.

Le volume 26 : les bibliothèques accordées aux établissements scientifiques et littéraires : Institut, Musée, Conservatoire de musique, Imprimerie nationale, Ecole de Rome, Manufacture de Sèvres, Conservatoire des Arts-et-Métiers, etc., etc.

Le volume 27 : les bibliothèques tirées des dépôts pour les établissements civils : le Muséum d'histoire naturelle, les Ecoles de médecine et autres, toujours avec les correspondances administratives relatives à ces concessions.

tratives, scientifiques ou littéraires de tous les grands établissements de l'État.

C'est à la fois l'histoire de la destruction ou de la réunion au domaine public de toutes les grandes collections ecclésiastiques et laïques de livres qui existaient en France dans l'ancien régime, et l'histoire de la fondation de toutes les bibliothèques publiques ou spéciales qui s'y développent aujourd'hui, et c'est sans doute une étude pleine de curiosité, d'enseignements, et souvent de regrets et de douleurs, que celle des vicissitudes de tant de richesses bibliographiques recueillies avec amour par leurs possesseurs durant des siècles et dispersées ainsi en quelques années, au grand profit il est vrai de l'avenir, dans la tempête de nos révolutions politiques.

PREMIÈRE PARTIE

ORIGINE, PREMIÈRE ORGANISATION ET STATISTIQUE
DES DÉPÔTS LITTÉRAIRES.

I

ORIGINE ET BUT DES DÉPÔTS LITTÉRAIRES.

L'application du décret du 2 novembre 1789, qui mit
les biens ecclésiastiques à la disposition de l'État, provoqua un grand nombre de résolutions législatives et de
mesures d'administration qui devinrent nécessaires pour
assurer le respect de son principe et régler les détails de
son exécution. Les conséquences de ce grand acte, plus ou
moins contestable, d'autorité souveraine relativement aux
biens et aux personnes dont il renversait la situation de
fond en comble, ne furent pas une des moindres préoccupations des nouveaux pouvoirs chargés de les développer, autant que possible, conformément à la raison et à la
justice. Nous n'avons à les considérer ici que dans leur
part la plus simple et la moins contestée : la réunion au
domaine public des monuments des arts et des lettres renfermés dans les établissements religieux ou civils que la
Révolution commencée allait faire disparaître. Il fallait
bien conserver ces monuments pour l'instruction et l'ad-
miration des générations à venir, et ce fut le but de tous

les actes sur lesquels nous allons jeter un coup-d'œil, avant d'entreprendre l'histoire des vicissitudes qu'ils eurent à traverser dans la tourmente qui se déchaînait alors sur la France et sur l'Europe.

On commença par rechercher les moyens de constater le nombre et la valeur des richesses ainsi réunies au domaine national, et de faire dresser des inventaires détaillés des trésors renfermés dans les bibliothèques de tous les établissements ecclésiastiques supprimés ou provisoirement conservés. Vingt décrets furent rendus dans ce but depuis le 2 novembre 1789, jour où cette grande révolution bibliographique s'était ouverte, jusqu'au premier complémentaire an IV (17 septembre 1796), où l'on songea sérieusement à disposer, dans l'intérêt des lettres et des progrès du nouvel ordre social, des innombrables collections de livres recueillis, dès le premier moment, dans les Dépôts publics.

Le décret du 14 novembre 1789 ordonna aux chapitres, aux monastères et à tous les possesseurs de bénéfices ecclésiastiques de faire, devant les juges compétents, une déclaration détaillée de tous leurs biens mobiliers et immobiliers, et de déposer aux greffes royaux le catalogue de tous les livres et manuscrits contenus dans leurs bibliothèques, et l'article 8 du décret du 18 juin 1790 leur défendit impérieusement de refuser cette déclaration sous aucun prétexte.

La résistance des religieux amena bientôt des mesures de plus en plus sévères. Le décret du 20 mars 1790 chargea les officiers municipaux de dresser, dans la huitaine, « un état et description sommaires des meubles précieux et des bibliothèques des maisons ecclésiastiques de leur ressort. » Le décret du 20 avril ordonna aux assemblées de district et à leurs Directoires de faire faire un inventaire du mobilier, des titres et des papiers de tous les établissements où les Municipalités n'auraient pas rempli ce devoir. Les décrets du 13 et du 28 octobre commirent, pour l'accomplir, les Directoires des départements eux-mêmes. Et, enfin, le décret du 9 janvier 1791 confirma toutes ces dispositions en obligeant les officiers municipaux à exécuter, pour les inventaires, les scellés et les catalogues, les commissions à eux données par les Directoires de district.

L'Assemblée législative continua, à cet égard, l'œuvre commencée par l'Assemblée constituante. Son décret du 2-4 janvier 1792, considérant la nécessité de ne pas laisser incomplet le travail entrepris par ses prédécesseurs, et l'utilité de « connaître exactement les richesses littéraires du royaume pour y faire participer tous les départements de l'empire par une juste distribution, » ordonna que « les administrateurs de district fissent continuer sans interruption les travaux commencés pour la confection des catalogues et des cartes indicatives des livres des maisons religieuses et autres établissements supprimés, » et, pour mieux assurer l'exécution de ces mesures, le même décret mit à la charge de la trésorerie nationale tous les frais de transport, de garde, de confection des cartes et des catalogues qu'elles devaient entraîner, disposition rendue applicable au département de Paris par le décret du 8 février suivant.

Là commence à percer, dans les actes de la puissance souveraine, le but que poursuivaient les nouveaux pouvoirs en faisant recueillir et compter avec tant de soin les richesses littéraires enfermées dans les établissements supprimés; mais ce but avait été déjà marqué depuis longtemps par les mesures administratives prises, en vertu des premiers décrets, sur cette importante matière.

On sait que l'Assemblée constituante, réunissant en ses mains tous les pouvoirs, s'était divisée en Comités qui comprenaient, sous ses divers aspects, toute l'administration du royaume. Elle avait notamment établi deux Comités d'où ressortaient la conservation et la disposition des biens ecclésiastiques : le Comité ecclésiastique et le Comité d'aliénation des biens nationaux. Le concours de ces deux Comités devenait évidemment nécessaire quand il s'agissait des dispositions à prendre relativement aux monuments des arts et aux bibliothèques recueillis dans les maisons religieuses, pour éviter des résolutions contradictoires. On avait donc, en conséquence, nommé, le 16 octobre 1790, trois membres de chacun de ces Comités (2) qui s'assemblèrent, sous le nom de Comités-réunis, au moins deux fois par semaine, du 18 octobre 1790 au 30 septembre 1791, pour résoudre toutes les questions concernant le mobilier ecclésiastique et surtout les bibliothèques et les monuments des arts. Le premier acte des Comités-réunis, conforme, d'ailleurs, à un vœu de l'Assemblée qui recommandait à la Municipalité de Paris, dans le décret du 13 octobre 1790, de s'associer, pour établir sa surveillance sur les Dépôts de livres, des membres choisis des diverses Académies, fut de proposer à une commission de savants de s'assembler pour l'aider de leurs lumières. Ce fut l'origine de cette Commission volontaire qui se réunit au palais des Quatre-Nations, dont elle prit le nom, et que la Municipalité de Paris et le Directoire du département prirent bientôt également pour conseil.

Le « Comité des Quatre-Nations, » composé d'abord de 13, puis de 18 membres (3), réunissait dans son sein les plus éminentes célébrités littéraires, artistiques, bibliographiques surtout, de cette époque si féconde en illustrations de toutes sortes. Il se constitua sous la présidence et la vice-présidence de MM. de Brecquigny et Barthélemy et prit l'abbé Le Blond pour secrétaire. Il se partagea lui-même en spécialités, selon l'expérience et les aptitudes particulières de ses membres ; mais MM. Mercier de Saint-Léger, Ameilhon, De Bure et Dom Poirier furent plus particulièrement chargés de préparer la solution des ques-

(2) Pour le Comité d'aliénation : MM. La Rochefoucault, Camus, Poignot. Pour le Comité ecclésiastique : MM. Lanjuinais, D'ormesson, Despatys de Courteilles.

(3) Voici les noms par ordre alphabétique : MM. Ameilhon, Barthélemy, Le Blond, Brecquigny, De Bure, Dacier, David, Desmarets, Doyen, Maison-Rouge, Masson, Mercier de Saint-Léger, Meusnier, Mongez, Mouchy, Pajon, Poirier, Vandermonde.

tions bibliographiques. Ce Comité s'associa à tous les travaux des Comités-réunis, dont il rédigea le plus souvent
les instructions et les correspondances ou inspira les résolutions. Il siégea du 3 novembre 1790 au 30 septembre 1791,
et à la dispersion de l'Assemblée constituante, qui lui vota
des remercîments et fit inscrire le nom de tous ses membres
au procès-verbal de la séance du 21 septembre, il devint la
base des diverses commissions analogues qui furent appelées plus tard à remplir les mêmes fonctions sous l'Assemblée législative et la Convention.

La suppression des communautés religieuses et de certaines corporations civiles, et la réunion de leurs bibliothèques au domaine public, avaient mis à la disposition
du gouvernement nouveau un nombre encore inconnu de
livres imprimés et manuscrits de toutes les classes et de
toutes les époques dont ses Comités voulaient tirer parti
pour fonder, sur tous les points du territoire, et surtout à
Paris, de grandes bibliothèques publiques destinées à l'instruction du peuple. Pour disposer sagement de toutes ces
richesses, il fallait commencer par les connaître et réunir,
en conséquence, dans un même lieu et sous les yeux éclairés
des mêmes personnes, à l'aide de catalogues ou de cartes
indicatives exactes et fidèles, l'état complet de tout ce que
la France pouvait offrir de livres, monuments ou objets
intéressant la littérature, les sciences et les arts. De là
toutes les dispositions impératives des décrets que nous
avons sommairement rappelées. Les Comités-réunis, se-
condés par la Commission des Quatre-Nations, y ajoutèrent
leur action particulière.

Par leurs soins, des instructions détaillées furent envoyées à tous les districts, le 24 mars, le 16 mai et le
8 juillet 1791, sur la manière d'inventorier les monuments
précieux et de rédiger les cartes et les catalogues des livres
recueillis sur tous les points du territoire. L'ordre était
donné d'envoyer ces documents au siège des Comités où un
travail de classement général devait être entrepris par des
mains exercées ; où, d'ailleurs, un triage devait s'accomplir

pour distinguer les livres qu'il fallait conserver pour les grandes bibliothèques publiques ou spéciales et ceux qui pourraient être livrés à la spéculation ou abandonnés aux besoins de l'armée ou de l'industrie. Le but était simple et grand et facile à atteindre, en apparence. Il ne s'agissait pas, comme on le dit alors pour effrayer les provinces, de faire venir à Paris les cinq ou six millions, selon les uns, les dix millions de livres, selon les autres, qui se trouvaient sur le territoire ; il s'agissait seulement de les y faire représenter par des catalogues réguliers ou par des cartes indicatives exactes, afin que les savants les plus aptes par leur expérience et leurs lumières à prononcer sur le mérite et la valeur des livres pussent être appelés à assurer leur conservation et leur répartition équitable entre toutes les parties de la République.

Faire connaître tous les livres dont il était possible de rendre la possession publique ; conserver les plus beaux exemplaires de tous ceux existant en double dans le pays ; ne vendre ou ne laisser détruire que ceux dont la perte n'entraînerait jamais de regrets ; répartir tous les autres entre les districts ; former un catalogue général de toutes les bibliothèques de Paris et des départements pour que les savants français et étrangers puissent trouver au besoin dans toutes les collections locales, ainsi fictivement réunies, le lieu précis où l'on conservait le livre imprimé ou manuscrit nécessaire à leurs travaux, — tel était le but multiple que se proposaient les Comités.

Une idée grandiose, comme toutes les conceptions de cette étrange époque, avait même sérieusement occupé l'esprit des savants bibliographes rassemblés au Comité des Quatre-Nations : l'idée d'une bibliographie générale de la France, contenant l'indication de tous les ouvrages conservés dans ses établissements littéraires, et réalisée dans un recueil qui serait un jour imprimé et mis à la disposition des savants de toutes les nations. On avait établi, par d'ingénieux calculs, que la dépense de cette publication ne serait pas immense, que sur les millions inconnus de volumes renfermés dans les établissements supprimés ou conservés, il n'existerait qu'un nombre relativement assez restreint d'articles différents qu'il serait facile de classer par ordre alphabétique suivi de tables méthodiques ou par ordre de matières suivi de tables alphabétiques, et de faire entrer ces articles dans une publication in-folio de cinquante volumes qu'un habile éditeur, à défaut de l'État, pourrait entreprendre avec fruit (4).

Ce qu'il y avait de raisonnable dans cette conception fut emporté, en ce qui concerne les départements surtout, avec ce qu'il y avait de chimérique. Le catalogue général ne put être rédigé, malgré les instructions et les décrets des pouvoirs, et la « bibliographie générale » ne fut pas même entreprise. Les Municipalités et les Directoires de département et de district n'envoyèrent qu'un assez petit nombre de catalogues incomplets et de cartes indicatives régulières des livres renfermés dans les bibliothèques des établissements de leur ressort. Les Comités-réunis de l'Assemblée constituante et le Comité des Quatre-Nations avaient échoué, et nous verrons bientôt que les Assemblées souveraines et les Commissions bibliographiques qui entreprirent plus tard de continuer cette grande œuvre ne furent pas plus heureuses dans leurs efforts.

(4) Voyez dans le recueil des **Archives des Dépôts littéraires**, vol. I, ff. 1-11, les « Détails sur le travail des Comités de l'Assemblée... et relevé de tout ce qui a été fait pendant le courant des années 1790 et 1791. »

Voyez aussi le « Rapport sur la bibliographie fait à la Convention nationale par Grégoire, au nom du Comité d'instruction publique. Séance du 22 germinal an II de la République. » (Dans les *Mémoires de Grégoire*, tome I, p. 460.)

II

Le rapport final présenté par les Comités-réunis le
30 septembre 1791, à la veille de se dissoudre avec l'Assemblée constituante qui les avait institués, rendit cependant un compte relativement favorable des résultats
obtenus par leurs soins, surtout en ce qui concerne le département de Paris. A cette date, cent sept districts des
plus riches en bibliothèques avaient envoyé leurs tableaux
conformes aux modèles et aux instructions donnés par les
Comités, et comprenant un total de 1,463,069 volumes.
Plusieurs autres districts avaient adressé aux Comités les
cartes mêmes, et trente d'entre eux avaient fait parvenir
leurs catalogues plus ou moins réguliers.

Le département de Seine-et-Oise s'était distingué par la
régularité avec laquelle avait été exécuté, dans ses huit
districts, le travail imposé par les décrets. La Bibliothèque
de l'Arsenal conserve parmi ses manuscrits, en 19 volumes
in-folio, le catalogue général des bibliothèques recueillies
à Versailles dans les dépôts de la Commission des arts
(mss. H. F., n° 800³). Le résumé de ce catalogue donne,
pour cent quatre bibliothèques, 60,625 cartes indicatives
et 127,100 volumes. Si tous les autres départements avaient
rempli leur mission avec la même régularité, la bibliographie générale eût été réalisable. Sur le travail accompli
dans leurs districts, nous n'avons qu'un rapport adressé
par Dom Poirier à la Commission temporaire des arts, le
15 messidor an II (3 juillet 1794), rapport qui donne, dans

l'analyse ou le relevé de neuf cent vingt cartes de dépouil-
lement envoyées des départements, de curieux détails sur
un assez grand nombre de monuments des sciences et des
arts, et surtout des monuments littéraires imprimés ou
manuscrits.

C'est à peu près là tout ce qui fut fait pour les provinces dans le sens de la pensée philosophique qui avait
inspiré les premiers travaux des Comités-réunis et de la
savante Commission des Quatre-Nations. A partir de ce
moment, les grandes causes d'agitation et les préoccupations politiques qui se succédèrent étouffèrent toutes les
préoccupations des bibliographes. L'Assemblée législative essaya cependant de continuer l'œuvre commencée.
Le décret du 2-4 janvier 1792, cité plus haut, ordonna
que le travail des catalogues et des cartes indicatives
fût continué dans les districts et « révisé » par des personnes expertes payées en raison de leur emploi et réunies par son Comité d'instruction publique dans son
enceinte; mais elle réorganisa en vain, sous le nom de
Commission des monuments, les diverses commissions qui
avaient succédé au Comité des Quatre-Nations (5).

La Convention nationale elle-même fut impuissante
dans ses efforts pour reprendre et réaliser cette œuvre.
La loi du 8 pluviôse an II (27 janvier 1794), en ordonnant la création de bibliothèques dans tous les districts,
avait cependant exigé que le travail de la bibliographie
fût continué par des commissaires spéciaux et achevé
dans les quatre mois suivant les instructions de son
Comité d'instruction publique. L'article 10 de cette loi

----

(5) La Commission des monuments, nommée en conformité du décret
du 18 octobre 1792, était composée de 33 membres : les 18 membres du
Comité des Quatre-Nations et 15 autres. La 3º section, celle des BELLES-
LETTRES, était formée de MM. Ameilhon, Brecquigny, président, Camus,
vice-président, Courtois, secrétaire, Dacier, De Bure, D'ormesson,
Dussaulx, Mercier, Mulot, Poirier, Puthod. Elle siégeait au Louvre, au
1ᵉʳ escalier des Archives du Conseil. (Voyez l'*Almanach national* de
1793, page 97.)

demandait à ce comité un projet de décret sur la création d'une commission temporaire à qui la révision de ce travail serait confiée.

La Commission temporaire des arts, composée de 51 membres, parmi lesquels on retrouve les noms les plus éminents des commissions antérieures (6), fut, en effet, immédiatement constituée. Elle publia de nouveau, et avec les additions nécessaires, les instructions déjà envoyées aux districts en 1790 et 1791. Elle fit mieux : elle rétablit entre le Comité d'instruction publique et toutes les administrations de district une correspondance active, incessante, lumineuse, qui se poursuivit du mois de prairial an II au 12 thermidor an III (7), pour exciter par la raison, l'encouragement et, au besoin, par la menace, l'activité et le zèle des employés de district. Tout cela ne put vaincre, au milieu des agitations politiques du temps, l'indifférence ou la mauvaise volonté des autorités locales ; car les cartes et les catalogues n'arrivèrent qu'incomplets et irréguliers. L'idée de la bibliographie universelle fut définitivement réservée pour l'avenir et le projet d'un catalogue général parut lui-même abandonné (8).

(6) La Commission temporaire des arts, adjointe au Comité d'instruction publique en vertu de l'article 10 du décret du 8 pluviôse an II, fut composée de 51 membres, divisés en quatorze classes. La 9e classe : BIBLIOGRAPHIE, avait pour membres : MM. Langlès, Ameilhon, Barrois l'aîné et Dom Poirier. (*Almanach national*, an III, page 431.) En l'an V, elle devint le Conseil de Conservation des arts.

(7) La Bibliothèque de l'Arsenal conserve sous son n° 872 ter, mss. H. F. (numéro nouveau : 6326), « **Correspondance de la bibliographie,** » la copie mise au net de cette curieuse correspondance.

(8) Cette idée d'une « bibliographie générale de la France » et d'un catalogue universel de tous les livres renfermés dans ses bibliothèques nationales a été, cependant, reprise de notre temps, et réalisée, dans une certaine mesure, conformément aux vœux des grands Comités de la fin du dernier siècle, par deux des ministres du gouvernement de 1830 : MM. de Salvandy et Villemain. Le premier, dans l'article 37 de l'ordonnance organique des bibliothèques publiques du 22 février 1839, imposa à toutes les bibliothèques communales appelées à participer

Loin de réussir dans ses efforts pour assurer la conservation des monuments des arts et des livres, le gouvernement révolutionnaire ne put pas toujours combattre avec succès, dans les départements surtout, les excès qui éclataient de toutes parts, au milieu de l'effervescence et de l'anarchie du moment. Au commencement, les religieux des communautés supprimées avaient donné l'exemple des abus en dissimulant et en détournant de tout leur pouvoir les richesses de leurs bibliothèques. Plus tard, l'avidité des spéculateurs, la brutalité des masses ignorantes, la passion politique descendue dans les régions sociales où manquent souvent l'instinct de l'honnête et le respect de l'intérêt général, une inter-

aux distributions de livres provenant des souscriptions ministérielles ou du dépôt légal, l'obligation d'adresser leurs catalogues au ministère de l'instruction publique pour y former « *le grand livre des bibliothèques de France*, lequel sera tenu à la disposition de tout bibliographe, littérateur ou savant. » Le second compléta cette prescription par l'ordonnance du 5 août 1841, qui enjoignit de « dresser et publier un catalogue général et détaillé de tous les manuscrits existant dans les bibliothèques publiques des départements. » C'était là, comme on le voit, revenir aux beaux rêves des Comités-réunis de l'Assemblée constituante et du Comité des Quatre-Nations et aux dispositions des décrets du 2-4 janvier 1792 et du 8 pluviôse an II, dont l'exécution avait été si vainement poursuivie alors.

Une note officielle, qui parut en 1857 dans le *Journal général de l'Instruction publique*, nous montre que ces prescriptions, cette fois-ci du moins, ne furent pas entièrement vaines. Il résulte, en effet, de cette note, qu'au mois de juin 1855 le ministre de l'Instruction publique réclama de tous les préfets des rapports détaillés sur toutes les bibliothèques de leur ressort, et que les renseignements demandés, fournis avec empressement, furent continués jusqu'à la fin de 1856. Voici les résultats généraux de la statistique qui fut résumée à cette époque dans les tableaux officiels. Il y avait en France, à la fin de 1856, 340 bibliothèques publiques, fréquentées chaque jour, en moyenne, par 3,746 lecteurs et contenant 3,778,606 volumes, dont 44,436 manuscrits. Plusieurs autres bibliothèques étaient, à cette époque, en voie d'organisation. Les allocations allouées par les villes, pour le personnel et le matériel, montaient alors à 417,779 francs.

En dehors même des grandes bibliothèques publiques de Paris, il prétation excessive donnée aux décrets du 19 juin et du 18 juillet 1793, qui prescrivaient la destruction immédiate de tous les signes extérieurs de la féodalité et du royalisme, amenèrent des scènes scandaleuses, des détournements criminels et des destructions violentes, dont l'opinion s'émut, même sous la Terreur. Les partisans et les adversaires exclusifs de la Révolution ont exagéré ou amoindri à l'envi ces excès, inévitables peut-être en des temps si troublés (9).

L'abbé Grégoire, membre du Comité de l'instruction publique, se fit, à la tribune de la Convention, l'organe exalté des plaintes qu'excitaient ces scandales. Dans son Rapport, présenté le 22 germinal an II au nom de la Section de Bibliographie, dans ses discours subséquents contre le « vandalisme révolutionnaire », il stigmatisa ces abus avec l'indignation honnête et l'éloquence un peu déclamatoire qui caractérisent les discours du temps. La

---

suffirait de joindre à ces chiffres la statistique des bibliothèques qui appartiennent à des sociétés particulières ou à des établissements spéciaux et n'ont qu'une publicité imparfaite, et de compléter ces documents jusqu'à ce jour, pour que « le grand livre des bibliothèques de France » pût être « mis à la disposition des bibliographes, des littérateurs et des savants, » selon l'ordre de l'ordonnance de 1839. Si les prescriptions de cette ordonnance ont été persévéramment observées, comme la note de 1857 peut le faire espérer, les vœux du Comité des Quatre-Nations et des grands réformateurs de la bibliographie française en 1789 et 1792 ne sont pas impossibles à accomplir.

(9) Voyez, d'une part, l'ouvrage de M. le marquis de Laborde : les *Archives de la France*, publié en 1869, et, d'autre part, celui de M. Eugène Despois : le *Vandalisme révolutionnaire*, publié en 1868. Malheureusement, les instructions envoyées aux districts en l'an II par la Commission temporaire des arts et les rapports de Grégoire à la Convention donnent trop de prétextes aux exagérations du premier de ces écrivains, qui s'en prend à la fois et aux pouvoirs et aux hommes qui firent le plus d'efforts pour prévenir les abus. Mais qu'il y a loin des excès du vandalisme révolutionnaire de 1793, dans la destruction des livres et des bibliothèques, à ceux dont nous avons été les témoins dans la dernière semaine de mai 1871, où tant de grandes collections publiques ou spéciales ont été la proie des incendiaires de la Commune !

Convention répondit pleinement à ses instances et s'associa à sa réprobation.

Dès le 13 avril 1793, en effet, à propos de quelques excès commis contre les monuments publics de Paris, la Convention rendit un décret qui portait la peine de deux ans de prison contre les « malveillans » convaincus d'avoir mutilé ou brisé des œuvres d'art. Le 14 fructidor an II, un second décret plaça les bibliothèques sous la garde des bons citoyens, et, enfin, un troisième décret, adopté le 8 brumaire an III sur le rapport de Grégoire, rendit les agents nationaux et les administrateurs de districts responsables de tous les actes de destruction, en exigea un compte rendu rigoureux dans la décade et chargea la Commission temporaire et le Comité d'instruction publique de les dénoncer à la Convention. Ce succès mérité des efforts de Grégoire suspendit peut-être les abus, mais le catalogue universel et la « bibliographie générale » n'en restèrent pas moins oubliés au milieu des événements et des réactions qui se succédèrent alors si rapidement. Toutes les forces de cette Révolution qui avait si facilement brisé ou réuni au domaine de l'État tant de riches collections communes ou privées, ne purent parvenir à en disposer comme elle l'entendait ou même à en obtenir le catalogue. Nous verrons plus tard ce que devinrent à la fin toutes les richesses ainsi recueillies dans toutes les parties de la République et jusqu'à quel point les sciences et les lettres eurent à se féliciter de les voir ainsi enlevées à leurs anciens possesseurs. Mais nous aurons à constater que le résultat, inattendu et excellent en lui-même, de cet incident de la Révolution qui transformait toutes choses en France et plus tard en Europe, fut tout différent de celui que poursuivirent dès le principe ceux qui l'avaient conçu et engagé.

Pour sa part, le département de Paris, malgré le nombre prodigieux de ses richesses bibliographiques, avait cependant presque rempli sa mission particulière. Là, du moins, les Comités et la grande Commission littéraire associée à leur œuvre avaient tous les matériaux sous la main et leur

2

action directe put s'exercer de manière à en assurer le classement et la conservation. L'homme nécessaire, d'ailleurs,
s'y rencontra tout prêt pour l'accomplir. On a vu plus haut
que les Comités-réunis de l'Assemblée constituante avaient
chargé plus particulièrement des questions relatives aux
bibliothèques du royaume trois hommes célèbres alors
dans toute l'Europe par leur savoir et leur expérience
bibliographiques : MM. Mercier de Saint-Léger, Ameilhon
et De Bure. Ameilhon se trouva de plus un homme d'action d'une rare activité et d'un merveilleux esprit d'ordre
et de méthode pratiques. Bibliothécaire de la ville de Paris
depuis près de trente ans et l'un des membres du Comité
des Quatre-Nations, il avait été choisi par la Municipalité
de Paris pour réunir et classer les immenses collections
de livres des maisons ecclésiastiques abandonnées par les
religieux et de celles qui seraient supprimées à l'avenir. Le
département de Paris lui avait confié le même travail pour
tous les établissements compris dans son territoire. Il remplit cette triple mission avec une ardeur sans égale et,
malgré les difficultés de cette tâche gigantesque, avec un
succès que les chiffres résumés dans le Rapport des Comités-
réunis du 30 septembre permettront d'apprécier.

Pour recueillir, déménager et classer tous les livres des
maisons ecclésiastiques qui lui étaient ouvertes, Ameilhon
obtint d'abord la création de trois grands dépôts établis
aux Capucins-Saint-Honoré, à l'ancienne église des
Jésuites Saint-Louis-la-Culture, et aux Petits-Augustins,
dont le local reçut bientôt une autre destination et fut remplacé, un peu plus tard, par celui de la Pitié. Il réunit, dans
le premier, les bibliothèques des Jacobins des rues Saint-
Jacques et Saint-Honoré, des Récollets, des Petits-Pères,
des Feuillants et quelques autres ; dans le second, celles de
Saint-Louis-la-Culture, des Célestins, des Blancs-Manteaux, etc.; dans le troisième, celle des Carmes de la place
Maubert, des Petits-Augustins, du Chapitre Notre-Dame ;
en tout pour les trois dépôts 20 bibliothèques contenant
environ 250,000 volumes. Le dépôt de la Pitié, dit alors des

« Enfants de la Patrie », avait reçu d'abord les 31,318 volumes de la bibliothèque de Saint-Victor.

Ameilhon fut autorisé à s'adjoindre un nombre assez considérable de commis et de collaborateurs, payés pour la plupart, avec l'aide desquels il réunit et classa d'abord dans ces vastes dépôts les livres des maisons ecclésiastiques abandonnées par les religieux, en attendant ceux des autres établissements sur le sort desquels l'Assemblée n'avait pas encore prononcé. Le travail des cartes et des catalogues fut entrepris et avança rapidement sous sa direction, conformément aux instructions des commissaires de l'Assemblée, et le 30 septembre 1791, lors de la clôture des travaux des Comités-réunis, les résultats suivants purent être constatés dans leur Rapport.

Il y avait dans le département de Paris 162 maisons ecclésiastiques et religieuses possédant des livres, dont l'ensemble, selon les déclarations plus ou moins sincères des religieux, montait à environ 808,120 volumes imprimés et manuscrits, auxquels il fallait ajouter en aperçu 12,506 volumes provenant de quelques établissements laïques également supprimés. Le 30 septembre 1791, le travail des cartes était fait pour les vingt-cinq principales bibliothèques contenant 439,348 volumes, dont 425,766 imprimés et 13,582 manuscrits. Il restait à achever : 1° pour 20 bibliothèques déjà déménagées et montant à 179,325 volumes ; 2° pour celles de treize maisons ecclésiastiques non supprimées encore qui paraissaient contenir, selon les anciennes déclarations, 127,164 volumes ; 3° pour les bibliothèques des districts hors Paris ou 35,592 volumes ; 4° enfin, pour les bibliothèques des trente-sept collèges et de l'Archevêché qu'on supposait contenir 150,000 volumes. On pensait que le travail de ces 492,081 volumes serait achevé avant le 31 décembre 1791, ce qui porterait à 840,738 le nombre des volumes mis à la disposition des Assemblées. Un autre travail du même temps, préparé à ce qu'il semble par Ameilhon, pour le Directoire de Paris, modifie un peu tous ces chiffres. Il porte à 990,738 le nombre des volumes contenus dans les cent soixante-dix maisons religieuses ou établissements laïques supprimés. Il suppose aussi que le travail tout entier sera achevé en quelques mois et probablement pour le 1er janvier suivant.

Voilà, pour les départements et pour Paris, les résultats acquis à cette date. Sur ce qui se passa, à partir de ce moment, dans les travaux dirigés par la section bibliographique du Comité d'instruction publique et exécutés par Ameilhon comme représentant de ce Comité en même temps que de la Municipalité et du Directoire de Paris, nous n'avons que des données confuses et incertaines. Le travail sur les livres des maisons religieuses supprimées fut cependant continué, malgré la gravité des circonstances. Il résulte de tableaux incomplets, qui datent à peu près de cette époque, que les trois dépôts des Capucins Saint-Honoré, de Louis-la-Culture et des Enfants de la Patrie contenaient : le premier, 16 bibliothèques et 145,457 volumes, dont les cartes étaient faites au nombre de 62,502; le deuxième, 80 bibliothèques avec 299,926 volumes et 34,927 cartes; le troisième 2 bibliothèques seulement, celles de Saint-Victor et de Saint-Étienne-du-Mont, dont la première contenait, comme on l'a vu, 31,218 volumes; mais il y avait, en outre, 16 bibliothèques non déménagées qui renfermaient 253,067 volumes, dont les cartes étaient faites jusqu'au nombre de 131,381. Parmi ces dernières bibliothèques, on avait compris la bibliothèque de Sainte-Geneviève pour 39,564 cartes et 60,122 volumes, et celle de Saint-Germain-des-Prés pour 42,828 cartes et 60,728 volumes, ainsi que celle des Avocats pour 10,004 volumes. En totalité, 114 bibliothèques, 228,810 cartes et 729,648 volumes. Si ces tableaux donnent l'état exact du travail accompli, on voit qu'il n'avait pas fait de bien grands progrès, même à Paris, depuis la clôture des Comités-réunis (10).

C'est à cette époque également qu'il faut reporter la fon-

(10) **Archives des Dépôts littéraires**, vol. I, ff. 94-101.

dation de la première grande bibliothèque d'établissement
public qui soit sortie, exceptionnellement alors, de la réunion au domaine de l'État de toutes les bibliothèques ecclésiastiques de Paris, celle du Muséum d'histoire naturelle
fondé ou du moins reconstitué par le décret organique du
10 juin 1793. Le titre 3 de ce décret, après avoir attribué à
la bibliothèque de cet établissement les doubles des livres
d'histoire naturelle de la grande Bibliothèque nationale,
avait ajouté (art. 3) que « deux professeurs du Muséum,
réunis à deux commissaires du Comité d'instruction
publique, seront autorisés à choisir dans les maisons ecclésiastiques supprimées les livres d'anatomie, de minéra-
logie, de chimie, de botanique, de zoologie et de voyages,
pour en enrichir la bibliothèque du Muséum. » Ces ordres
furent littéralement exécutés. Deux professeurs du Muséum,
MM. De Jussieu et Desfontaines, se réunirent à deux membres du Comité d'instruction publique, les citoyens Grégoire et Arbogast. Un choix considérable des livres désignés fut fait par eux dans les principales bibliothèques
réunies, de vendémiaire à messidor an II, avec toutes les
formalités exigées par le décret du 10 juin, et les catalogues
signés par eux furent suivis des reçus des professeurs désignés et d'Ameilhon, qui assistait à ces actes comme
Commissaire du département aux bibliothèques nationales ou de Garde-général de ces bibliothèques. Un peu
plus tard, et après les événements dont il nous reste à
parler, le bibliothécaire du Muséum d'histoire naturelle (le
c. Toscan) fut autorisé par le Comité d'instruction publique
ou par le Ministre de l'Intérieur à prélever le même contingent dans les bibliothèques confisquées sur les émigrés,
dans celles venues de la Belgique et dans les nouveaux
dépôts établis pour recueillir ces alluvions nouvelles (11).

(11) Voyez ci-après, p. 84, IIIᵉ partie, chap. III, BIBLIOTHÈQUES SPÉ-
CIALES.

III

Les événements qui se succédèrent, en effet, si rapidement à cette époque troublèrent bientôt les paisibles travaux des Comités de bibliographie. L'émigration collective des anciennes classes privilégiées, en apportant au nouvel ordre politique établi ses protestations et ses menaces, parut rendre nécessaires les représailles qui amenèrent la confiscation générale de leurs propriétés. Les mesures législatives prises contre les émigrés firent à leur tour entrer dans le domaine public une immense collection de bibliothèques particulières, plus variées et non moins riches que celles des communautés religieuses, et vinrent apporter de nouveaux travaux aux Commissaires chargés de réunir et de classer les richesses littéraires ainsi dévolues à l'État.

Au premier moment, l'article 6 du décret du 9 novembre 1791 s'était contenté de mettre sous le séquestre tous les revenus des princes français absents du royaume, et celui du 9 février 1792 avait mis les biens des émigrés « sous la main de la nation » pour assurer à celle-ci « l'indemnité due pour les frais extraordinaires imposés par leur conduite et pour leur ôter les moyens de nuire. » Le décret du 30 mars suivant considéra cette indemnité comme acquise et ordonna d'en dresser des inventaires; mais les progrès de l'émigration entraînèrent bientôt le législateur à des résolutions définitives, et les décrets du 27 juillet et du 2 septembre 1792 prononcèrent la confiscation générale et la vente au profit de la Nation de tous les biens mobiliers et immobiliers de ceux qui s'y trouvaient engagés. Plus tard, ces confiscations et ces ventes furent déclarées irrévocables par l'article 375 de la Constitution de l'an III et par l'article 93 de la Constitution de l'an VIII.

L'exécution de ces mesures mit de nouveau à la disposition des Commissaires chargés de recueillir les bibliothèques acquises à l'État une collection innombrable de livres de toutes sortes, qu'il fallut installer quelque part et classer avec soin en attendant les résolutions du pouvoir. Dans les provinces, les municipalités et les directoires de département et de district furent engagés à prendre toutes les mesures nécessaires. A Paris, l'organisation bibliographique était prête et Ameilhon, qui s'était jeté avec passion dans le parti politique le plus avancé, n'était pas homme à reculer devant cet agrandissement de sa tâche; mais les dépôts provisoires débordaient déjà et il fallait pourvoir à leur insuffisance. Le décret du 8 pluviôse an II (27 février 1794) répondit, tant bien que mal, à ce besoin pour les anciennes provinces, en enjoignant aux administrations de district de désigner dans chacun d'eux un local convenable pour y créer une bibliothèque publique, de terminer, dans les quatre mois, les catalogues des livres sortis des maisons religieuses ou confisqués sur les émigrés et de suivre, pour tout le reste, les instructions de la Commission temporaire qui allait être adjointe au Comité d'instruction publique. A Paris, l'encombrement devint si grand, par suite de la réunion définitive de toutes les bibliothèques religieuses du département, de l'arrivée (le 31 ventôse an III) des livres provenant des couvents de la Belgique et, enfin, de la saisie des bibliothèques d'émigrés, qu'il fallut absolument y pourvoir.

IV

INSTALLATION DÉFINITIVE DES DÉPÔTS LITTÉRAIRES.

Pour suppléer à cette insuffisance des dépôts provisoires, qui devint manifeste après la suppression de toutes les communautés ecclésiastiques et la confiscation générale des bibliothèques d'émigrés, la Commission temporaire des arts adjointe au Comité de l'instruction publique, en vertu de l'article 10 du décret du 8 nivôse an II, fit ouvrir huit grands dépôts destinés à recevoir tous les livres provenant des bibliothèques réunies ou confisquées, et Ameilhon, à la fois membre de cette Commission et commissaire de la Municipalité de Paris, et du Directoire du département aux Bibliothèques nationales, servit d'intermédiaire naturel à l'accord qui s'établit à cet égard. La grande époque des DÉPÔTS LITTÉRAIRES et leur organisation définitive commença par cette résolution.

On choisit donc, dans les différents quartiers de Paris, huit grands établissements à la portée des bibliothèques qu'il s'agissait de réunir et l'on y fit transporter tous les livres. Ce furent : 1° l'église de Saint-Louis des Jésuites, rue Saint-Antoine ; 2° le couvent des Cordeliers, rue des Cordeliers, aujourd'hui de l'École-de-Médecine ; 3° l'ancien hôtel de Juigné, rue de Thorigny, où se trouve aujourd'hui l'École centrale ; 4° le dépôt de la rue de Lille, ancienne rue de Bourbon ; 5° le dépôt de la rue Saint-Marc, dans l'ancien hôtel des ducs de Montmorency-Luxembourg, qui occupait tout l'emplacement actuel des passages des Panoramas ; 6° le dépôt des Capucins Saint-Honoré, dans les bâtiments du couvent de cette congrégation, où sont maintenant la rue Castiglione et l'Hôtel continental, construit en 1877 ; 7° le dépôt des Enfants de la Patrie ou de la Pitié, aujourd'hui l'hôpital de ce nom ; 8° le dépôt de Franciade, à l'abbaye de Saint-Denis, pour les districts hors Paris.

A ces huit dépôts il en fut bientôt ajouté un neuvième, qui n'eut pas une médiocre importance et qui a survécu heureusement, intact et complet, à toutes ces révolutions bibliographiques : le dépôt littéraire de l'Arsenal formé de l'ancienne bibliothèque fondée en 1765 par le marquis de Paulmy dans les bâtiments des grands maîtres de l'artillerie, vendue par lui (1785) ainsi que la seconde partie de la bibliothèque du duc de la Vallière (1786) au comte d'Artois, qui s'était empressé d'y réunir une partie de sa bibliothèque de Versailles. Cette bibliothèque ainsi composée avait été saisie l'une des premières parmi les bibliothèques d'émigrés. Mise sous le séquestre, en vertu des décrets de 1791 et 1792, inventoriée officiellement du 1er mai 1793 au 4 floréal an III (23 avril 1795) elle fut constituée au mois de frimaire an III, par un arrêté du Comité d'instruction publique, sur la proposition de la Commission temporaire des arts : « Dépôt national littéraire de l'Arsenal. »

Enfin, il faut mentionner, à cause de tous les liens qui le rattachent aux dépôts de Paris, dans lesquels il finit par se confondre, le dépôt fondé à Versailles par la Commission des arts du département de Seine-et-Oise, pour les huit districts de ce département.

Tous ces établissements furent placés par la Convention nationale sous la surveillance directe et active de la Commission temporaire des arts adjointe à son Comité d'instruction publique, et plus tard, après la Convention et jusqu'en l'an IX, sous le contrôle du Conseil de conservation établi auprès du Ministre de l'intérieur. Ils reçurent une organisation spéciale et des règlements généraux que nous ferons bientôt connaître et chacun d'eux fut placé sous l'administration d'un Conservateur particulier.

Ces Conservateurs choisis par le Comité d'instruction

publique furent : pour le Dépôt de Louis-la-Culture,
Ameilhon, qui échangea sa position et son titre de Commissaire aux bibliothèques nationales et de Garde-général des
dépôts pour devenir Administrateur du plus considérable
de ces établissements, et qui fut remplacé dans cette dernière
fonction par Palissot en l'an V et, peu après, par Van
Thol; — pour celui des Cordeliers : Barrois l'aîné en l'an
III et en l'an IV, Dambreville de l'an V à l'an IX et
D'aigrefeuille jusqu'en l'an XIII; — pour celui de la rue
Saint-Marc : Dambreville jusqu'en l'an V; — le Dépôt
de la rue de Lille fut administré jusqu'aux réunions par
Seryès; — celui des Capucins Saint-Honoré par Langlès;
— celui de la Pitié par Mulot; — celui de l'Arsenal par
Saugrain. Nous n'avons pu retrouver le nom de l'administrateur du Dépôt de Thorigny (12). La plupart de ces
hommes avaient pris une part importante aux travaux
antérieurs de la bibliographie, soit comme organisateurs
des premiers dépôts, soit comme membres des Commissions bibliographiques qui avaient dirigé les travaux primitifs.

Chacun de ces Dépôts reçut un aménagement particulier,
une spécialité, une importance relative. L'ancienne église
Saint-Louis des Jésuites, avec toutes ses dépendances, fut
entièrement remplie des livres du dépôt de Louis-la-Culture.
Ces livres, partagés en quatre divisions dont la première
comprenait l'église, la sacristie, le chœur, la nef et les
tribunes; la seconde, les bureaux et les corridors; la
troisième, les greniers et la lingerie; la quatrième, les vesti-
bules, les escaliers et les anciens appartements, occupaient
toutes les parties de l'édifice. Aux Cordeliers, vaste bâtiment
isolé de 40 toises sur 12 d'étendue, de trois étages et de
douze greniers éclairés par de nombreuses fenêtres, les
galeries avaient été divisées en quatre-vingts travées occu-
pées par des tablettes sur lesquelles avaient été réparties

(12) Sur une carte conservée dans les **Archives des Dépôts littéraires**,
nous trouvons cependant pour ce dernier Dépôt le nom illisible de
ç. *Piré* ou *Père.*

les bibliothèques accumulées dans ce dépôt, le second, et bientôt le premier par son importance. Les autres Dépôts avaient été aménagés selon les lieux, chaque bibliothèque réunie dans leur enceinte recevant un emplacement spécial. Le Dépôt de l'Arsenal était resté tel qu'il était à la veille de la Révolution, occupant au premier étage des bâtiments où avaient logé, depuis Sully, les anciens grands maîtres de l'artillerie, les vingt-cinq pièces et galeries qui renfermaient avant 1789 les appartements et la bibliothèque du marquis de Paulmy et du comte d'Artois (13).

L'importance de ces Dépôts variait comme l'indiquera bientôt leur statistique. Ils avaient des destinations spéciales. Le Dépôt de Louis-la-Culture avait recu les premières bibliothèques ecclésiastiques réunies au domaine et il garda jusqu'au bout cette spécialité. A l'exception de la bibliothèque des Avocats et de celle du Châtelet, les quatre-vingt-seize bibliothèques recueillies dans ses vastes magasins appartenaient à d'anciennes maisons religieuses. Le Dépôt des Enfants de la Patrie, le Dépôt des Capucins et celui de Franciade renfermaient aussi en majorité des bibliothèques cléricales. Les Dépôts des Cordeliers de la rue Saint-Marc, de la rue de Lille et de Thorigny étaient plus particulièrement affectés aux bibliothèques des émigrés et des condamnés. Le Dépôt de l'Arsenal ne contenait que les anciennes bibliothèques du marquis de Paulmy, auxquelles on n'avait ajouté que celles du comte d'Artois.

(13) Les différentes bibliothèques qui composaient la collection du comte d'Artois au moment de l'inventaire de 1793 étaient restées séparées dans les bâtiments de l'Arsenal. La bibliothèque de M. de Paulmy occupait l'ancienne galerie et le cabinet de Sully, la galerie de la chapelle et le salon des Célestins démolis en 1818. La bibliothèque La Vallière était presque tout entière dans la galerie neuve des Célestins, construite en 1778 et démolie en 1832. Les pièces du grand bâtiment ayant vue sur la rivière renfermaient les bibliothèques de Versailles et du Temple, et, enfin, les pièces à gauche du grand escalier contenaient les 3,590 volumes environ achetés en 1789 à la vente du prince de Soubise.

V

STATISTIQUE DES DÉPÔTS LITTÉRAIRES.

Voici, du reste, la statistique aussi exacte que possible, d'après les documents réunis dans le tome Ier du recueil de la Bibliothèque de l'Arsenal (14), des livres et des bibliothèques contenus en l'an V dans les Dépôts littéraires.

On peut évaluer à 600,000 environ le nombre des volumes entrés dans le Dépôt de Louis-la-Culture. En germinal an V, d'après l'enquête faite par l'Institut, dans les circonstances dont nous parlerons bientôt, il en contenait 500,000. En l'an IX, d'après un état dressé le 9 brumaire au moment de sa réunion aux Cordeliers, il en contenait encore 300,000, et le Conservateur, signataire de cet état, attestait que, depuis le 4 frimaire an VI, il en était sorti sur récépissé 94,874 volumes choisis et 162,652 *livres pesant* d'ouvrages de rebut.

Le Dépôt des Cordeliers contenait en l'an V, d'après un

(14) Les chiffres et les renseignements exposés dans cette partie de notre travail sont puisés principalement dans les états recueillis dans les **Archives des Dépôts littéraires**, vol. 1, ff. 119 et suiv. et dans les notes qui servirent de base au Rapport de l'Institut du 5 floréal an V, rapport dont une copie se trouve également dans le même volume de ce recueil. Ces chiffres sont quelque peu modifiés dans le Rapport fait par Marmontel au nom de la Commission nommée pour l'examen de la résolution sur la manière de disposer des livres conservés dans les Dépôts littéraires et par l'*opinion* émise sur le même sujet par Creuzé-Latouche au Conseil des Anciens. On trouve un résumé de ces documents dans l'excellent travail de M. Rathery sur la bibliothèque du Louvre, publié en 1858 dans le *Bulletin du Bibliophile*, 13e série, p. 1022, s. — Voyez aussi l'inventaire de Saugrain, mss. de l'Arsenal H. F., n° 861 quater.

état dressé en triple exemplaire le 25 pluviôse, environ 260 bibliothèques laïques plus une vingtaine de collections provenant de maisons religieuses, et l'ensemble de ces bibliothèques présentait un total de 228,886 volumes. Les notes fournies à l'Institut, un peu plus tard, modifient un peu ces chiffres et comptent 273 bibliothèques et 262,189 volumes, en constatant de plus que 100,000 volumes environ en avaient déjà été enlevés pour différents établissements d'instruction.

Le Dépôt des Capucins comprenait, en l'an V, 47 bibliothèques de corporations religieuses, 3 de sociétés savantes et 15 d'émigrés, 65 en tout et un nombre de 200,000 volumes. Le Dépôt des Enfants de la Patrie avait reçu 33 bibliothèques comptant de 50 à 60,000 volumes. Celui de Franciade, qui fut partagé en l'an VII entre les Cordeliers et Louis-la-Culture, avait compris 60,000 volumes et en comptait encore 50,000 au moment où le transport s'en effectua.

Le nombre des volumes du Dépôt de la rue de Lille, qui avait reçu 205 bibliothèques, était évalué à 224,000. — Le Dépôt de Thorigny renfermait 119 bibliothèques et 66,000 volumes, et, enfin, le Dépôt de la rue Saint-Marc contenait 148 bibliothèques et environ 100,000 volumes. En total pour ces trois Dépôts, environ 390,000 volumes.

Le Dépôt littéraire de l'Arsenal ne comprenait que les bibliothèques du comte d'Artois, c'est-à-dire la bibliothèque de M. de Paulmy, la seconde partie de celle du duc de la Vallière, environ 3,500 volumes acquis en 1789 à la vente du prince de Soubise et une part notable des bibliothèques que le noble émigré possédait au Temple et à Versailles, en tout environ 120,000 volumes. Le Dépôt de Versailles, enfin, réunissait 104 bibliothèques et 127,000 volumes (15).

(15) « Catalogue des livres provenant des maisons religieuses et des biens confisqués du département de Seine-et-Oise, » Bibliothèque de l'Arsenal, mss. H. F., nº 860 quinque (nouveaux numéros 5381-5399), et pour le Dépôt de l'Arsenal, l'inventaire fait en 1793 par Saugrain et son registre particulier dans les mêmes manuscrits H. F., nºs 861 ter et 861 quater.

En résumé, tous ces Dépôts renfermaient environ 1,100 bibliothèques ecclésiastiques ou laïques et 1,800,000 volumes. Ces chiffres ressortent avec clarté des renseignements fournis à l'Institut au commencement de l'an V, et des pièces recueillies dans les **Archives des Dépôts littéraires** conservées à la Bibliothèque de l'Arsenal. On voit combien ils diffèrent de ceux qui avaient été réunis en 1791 et que les bibliothèques des émigrés avaient à peu près doublé le nombre des livres trouvés dans les maisons ecclésiastiques; mais entre ces deux chiffres de 840,738 volumes, constaté par le Rapport des Comités-réunis le 30 septembre 1791, et 1,800,000 environ, qui ressort de l'enquête faite par l'Institut et de son Rapport du 5 floréal an V, le mouvement des livres dans les Dépôts littéraires varia sans cesse.

Chacun de ces Dépôts contenait d'ailleurs en grand nombre des bibliothèques ecclésiastiques ou laïques, célèbres ou du moins remarquables par l'importance de leurs collections, le nombre de leurs volumes ou le nom de leurs anciens possesseurs. Parmi les bibliothèques recueillies dans les divers Dépôts littéraires, il faut noter, en effet : à Saint-Louis-la-Culture, outre la bibliothèque des Avocats (10,004 volumes); celles des Grands-Augustins (18,600 volumes); des Petits-Augustins (10,716); des Barnabites (15,321); du Grand-Picpus (11,595); des Blancs-Manteaux (8,813); des Carmes (18,181); des Célestins (13,321); des Jacobins-Saint-Dominique (14,048); des Minimes (18,026); des Théatins (10,000); de la Sorbonne (28,208).—Aux Enfants de la Patrie : les bibliothèques de Saint-Victor (31,218); du Cardinal-Lemoine, des Eudistes et quelques autres. — Aux Capucins Saint-Honoré : indépendamment de celles des Capucins Saint-Honoré (20,248 volumes) et des Petits-Pères (43,103 volumes), riches en livres d'érudition et d'ancienne littérature espagnole et italienne, et des bibliothèques de l'Académie française et de l'Académie des inscriptions, moins précieuses par le nombre que par le choix des livres, on remarquait : celles des Jacobins Saint-

Honoré (18,990 volumes); des Capucins d'Antin (3,150); des Jacobins Saint-Jacques (11,019); des Récollets (19,250) et des Feuillants (16,321); mais toutes ces bibliothèques, comme la plupart de celles de Saint-Louis-la-Culture, étaient composées, en grande partie, de livres relatifs à la théologie et à la controverse et ne contenaient plus, en l'an V, après les prélèvements considérables qui y avaient été faits pour plusieurs établissements publics, qu'un nombre très restreint de livres de littérature et d'histoire dignes d'entrer dans les grandes bibliothèques nationales ou dans celles des établissements laïques qu'il s'agissait de fonder.

Au nombre des anciens propriétaires des bibliothèques qui se trouvaient réunies dans les Dépôts des rues de Lille, de Thorigny et de Saint-Marc, on remarquait les noms célèbres dans l'ancienne aristocratie, dans le premier : des Boisjelin, Durfort, de Péré, Biron, Destourmel, Noailles, Duchâtelet, Doudeauville, de Broglie, de Grammont, La Rochefoucault, La Vieuville, d'Angivilliers, Sénac de Meilhan, Vergennes, et, à côté du nom de Lafayette fils, celui de Robespierre.— Au dépôt de Thorigny figuraient les bibliothèques des émigrés : la Luzerne, Lavalette, la Goupillière, Polignac, Maubec, d'Espagnac, Moreuil Narbonne, Duport, Mac-Mahon, Villedeuil, au milieu desquelles se trouvait la bibliothèque du Tribunal révolutionnaire. — Dans le Dépôt de la rue Saint-Marc : les bibliothèques des émigrés Penthièvre, d'Orléans, Clermont d'Amboise, Maupeou, Durfort, Dupleix, Saint-Simon, Grimm, Lowendal, Montmorency-Luxembourg, Dumouriez, à côté de celles de Couthon et de Saint-Just.

C'est au Dépôt des Cordeliers, le second par le nombre des livres qui s'y trouvaient réunis, le premier par leur choix et par le rang de leurs propriétaires, que l'on avait transporté le plus grand nombre des bibliothèques d'émigrés. Il en contenait, comme nous l'avons vu en l'an V, 260 ou 273, parmi lesquelles celles de MM. d'Aligre (1,000 volumes); de Breteuil (1,800); de Croï (1,700); Juigné

(7,600); Lusignan (2,500); Thuisy (1,600); Vintimille, Bailly de Crussol, Crusol d'Uzès (2,500); Derim, d'Antichamp, Dumouriez (1,500); Gilbert des Voisins (2,800); Robert de Saint-Vincent (10,500); La Rochefoucault (2,500); Maury (1,700); Mondragon (3,600); Mantouillac (2,700); Rougé (2,300); La Trémouille (1,200); Cardinal de Rohan (1,300), et, avec elles, les petites collections de Talleyrand-Périgord (500); Chaumette (250); Mallet du Pan (900); et Lameth (240). Le même Dépôt contenait parmi les bibliothèques ecclésiastiques, celles de Saint-Germain-des-Prés (28,000 volumes (16); des Carmes de Charenton (6,000); de Saint-Sulpice (5,000); des Cordeliers (12,500); des Robertins (3,200); du séminaire de Saint-Sulpice (5,000). Il y était

(16) C'est à ce chiffre important que s'élevait encore en l'an V le nombre des volumes de la bibliothèque de Saint-Germain-des-Prés échappés à l'incendie du 2 fructidor an II (19 août 1794), ainsi que cela résulte de la statistique du Dépôt des Cordeliers produite à cette époque par le Conservateur de ce Dépôt où les restes de cette bibliothèque furent recueillis. (**Archives des Dépôts littéraires**, tome I.) C'est donc à tort qué dans le livre intitulé : « *Les anciennes Bibliothèques de Paris,* » publié par les soins de la Préfecture de la Seine, on affirme, page 124, qu'il ne put être sauvé que « quelques volumes imprimés et une partie des manuscrits » de cette bibliothèque, qui comptait encore en l'an V, au Dépôt, 28,000 volumes, quoique déjà il en eût été tiré dès le 17 messidor an IV un nombre considérable d'ouvrages importants pour le Muséum d'histoire naturelle. (Même recueil, vol. XXVII, ff. 118-122.) Le même livre évalue à 49,387 imprimés et 7,072 manuscrits les volumes que la bibliothèque Saint-Germain possédait avant l'incendie. Un état officiel des bibliothèques religieuses réunies au domaine et non déménagées à cette époque comprend dans la bibliothèque de l'Abbaye 61,028 volumes, dont 7,379 manuscrits. Ces différences proviennent sans doute de l'inexactitude des déclarations primitives conservées aux Archives de l'Empire.

Cet incendie d'une si précieuse bibliothèque, publique alors et très fréquentée, fut produite par les amas de salpêtre et de matières combustibles réunis dans le voisinage. Il provoqua un décret du 9 frimaire an III qui interdit d'établir à l'avenir aucun atelier d'armes, aucun amas de salpêtre, de fourrages et autres matières combustibles dans le voisinage des bibliothèques, dispositions fort sages, dont on a tenu trop peu de compte depuis, comme l'ont prouvé les dangers extrêmes que la Bibliothèque de l'Arsenal a courus en 1870.

venu 7,500 volumes des couvents belges ; 4,600 de la Faculté de médecine ; 5,500 de l'institut de l'Oratoire ; 1,200 du collège Louis-le-Grand ; et 3,150 du collège d'Harcourt (17).

Nous avons vu ce qui concernait le Dépôt littéraire de l'Arsenal et nous n'avons pas besoin de rappeler la richesse des anciennes bibliothèques du comte d'Artois, restées célèbres ; celle des bibliothèques réunies dans le Dépôt de Versailles ne l'était pas moins par le choix des livres, la beauté des exemplaires et la magnificence des reliures. Il faut noter parmi elles : celles du Roi, à Versailles (11,392 volumes) ; d'Adel. Capet, à Meudon (10,580) ; d'Ant. Capet, à Trianon (1,910) ; de L. S. X. Capet, à Versailles (11,300) ; la première surtout, composée en grande partie de « livres présentés » depuis Louis XIV jusqu'en 1789.

Telles furent dans cette seconde période de leur établissement la situation et l'importance relative des Dépôts littéraires où avaient été recueillies toutes les anciennes richesses bibliographiques de la France. Voyons maintenant quelle fut leur organisation interieure et quels travaux furent accomplis dans leur sein.

(17) Un reçu, donné par les membres de la Commission temporaire des arts, atteste l'entrée au Dépôt des Cordeliers de 86 caisses de livres provenant de la Belgique le 21 ventôse an III. (**Archives des Dépôts littéraires**, vol. III, fol. 17.)

Une lettre du Ministre de l'intérieur, en date du 29 germinal an V, autorisa le Conservateur du Dépôt des Cordeliers à y transporter « les actes et mémoires du ci-devant clergé qui existaient reliés ou près de l'être au dépôt de ces actes rue des Sept-Voies » ; mais ce Conservateur répondit le 3 floréal que ces actes avaient été transportés par le Commissaire de Section au Dépôt de la Pitié depuis trois jours. (Même recueil, vol. III, fol. 102.)

DEUXIÈME PARTIE

ORGANISATION ET TRAVAUX DES DÉPÔTS LITTÉRAIRES.

I

DEUXIÈME ORGANISATION DES DÉPÔTS LITTÉRAIRES,
PERSONNEL, BUDGETS, RÈGLEMENTS.

L'existence des Dépôts littéraires a duré vingt ans sous des formes et des administrations diverses, depuis les premières réunions de leurs livres, en 1790, jusqu'au transport de leurs derniers restes à la Bibliothèque de l'Arsenal, en 1811. Nous arrivons à la période la plus active de leur administration et à leur organisation définitive. Les mesures les plus sévères furent prises, en effet, dès le commencement de l'an III, pour atteindre promptement le but de leur institution. Le 4 brumaire (25 octobre 1794) le Comité d'instruction publique choisit leurs conservateurs, et ordonna que tous les livres, sortis des maisons supprimées et des bibliothèques d'émigrés, y fussent transportés dans le plus bref délai et que les inventaires et les catalogues numériques lui fussent présentés sans retard. Le 21 brumaire la Commission temporaire des arts convoqua les Conservateurs à son secrétariat pour s'entendre entre eux sur les moyens d'accélérer leur travail et pour nommer leurs collaborateurs. Le 8 nivôse suivant, le

Comité ordonna qu'ils entrassent immédiatement en fonctions. On prit toutes les mesures nécessaires pour lever
les obstacles qui s'opposaient à leur action, et, enfin, la
Commission exécutive les invita de la manière la plus
expresse à lui rendre un compte détaillé de l'état des lieux
qu'ils occupaient, ainsi que de leurs inventaires et catalogues et à lui envoyer les renseignements les plus précis
sur toutes les mesures à prendre pour qu'ils fussent conservés et garantis comme il convenait (18). Les Dépôts
avaient été placés, comme nous l'avons dit, par le Comité
d'instruction publique sous la surveillance immédiate de
la Commission exécutive et cette surveillance s'exerça en
toute occasion tant que cette Commission fut maintenue (19). Après la chute de la Convention, ils passèrent
sous la surveillance du Conseil de conservation des arts
jusqu'en l'an IX, et, plus tard, sous la tutelle directe des
bureaux du ministère de l'intérieur.

Le personnel attaché à l'administration des Dépôts varia
aux différentes époques quant au nombre et aux titres des
employés. Le Dépôt de la rue Saint–Marc avait, en messidor an III, 1 conservateur, 1 sous-conservateur, 10 collaborateurs, 6 garçons de bureau et 1 portier, et son
budget mensuel s'élevait à 3,305 fr. — Il fut réduit, par un
arrêté du 21 ventôse an V, à 1 conservateur, 2 employés,
2 garçons de bureau et 1 portier. En l'an VI, le Dépôt des
Cordeliers avait 1 conservateur, 6 collaborateurs bibliographes, 6 garçons de bureau et 1 concierge. — Le Dépôt
de Louis-la-Culture avait, en l'an III, indépendamment du
conservateur, 9 employés à 1,800 fr. et 6 garçons de bureau
à 1,200 fr. En l'an V, il n'avait plus que 1 conservateur
à 3,000 fr., 2 employés à 2,000 fr., 2 garçons à 900 fr. et

(18) **Archives des Dépôts littéraires**, vol. II, ff. 3 et suiv., et vol. III,
ff. 6, 10, 13 et suiv.

(19) Institué après la chute de la Convention pour remplacer la
Commission temporaire des arts, le Conseil de conservation fut sup-
primé, à dater du 1er vendémiaire an IX, par un arrêté ministériel de
Lucien Bonaparte. — *Ibid* , vol. III, ff. 318-326.

1 concierge à 600 fr. — Après la réunion des Dépôts aux
Cordeliers, en l'an IX, le personnel réuni de ces Dépôts
comprenait 24 employés de tout grade : conservateurs,
bibliographes occupés du triage, hommes de peine et portiers et leur budget mensuel s'élevait à 3,206 fr. ; mais ce
personnel et ce budget varièrent sans cesse jusqu'à la suppression des Dépôts (20).

Les traitements des fonctionnaires de tout ordre ne varièrent pas moins que leur nombre. Un arrêté du Comité
en date du 7 messidor an III les avait fixés à 400 livres par
mois pour les conservateurs, 300 fr. pour les sous-conser-
vateurs et les commis et 200 fr. pour les garçons de bureau.
Sur la demande formée par eux le mois suivant, le même
Comité d'instruction publique le fixa, par un nouvel arrêté
du 24 fructidor an III, sur le même pied que les employés
de la bibliographie, à 6,000 fr. et à 3,000 fr. pour les conservateurs et employés, avec l'indemnité du 4 pluviôse,
et 3,000 fr. pour les garçons de bureau et les portiers. Un
moment même ils furent doublés en vertu d'un arrêté du
Ministre des finances du 28 fructidor ; mais cet âge d'or
apparent, qui tenait à la dépréciation progressive des mon-
naies de papier en usage, ne fut pas de longue durée. En
l'an VI ils n'étaient plus à Saint-Louis-la-Culture que
de 3,000, 2,000, 1,800, 900, 720 fr. selon les grades. Ces
traitements étaient, d'ailleurs, soumis à toutes les vicissitudes des besoins du Trésor et à des retenues plus ou
moins considérables du 20°, du 10°, du 5° même, selon les
circonstances, en application des lois de finances du moment (21). Il est vrai que les mêmes circonstances leur ap-
portaient aussi quelquefois des compensations singulières

(20) La plupart des pièces relatives aux états du personnel et des
traitements ont été réunies dans le recueil de l'Arsenal, vol. I, ff. 190-
353 et vol. III *pass.* Voyez surtout vol. I, ff. 126, 127, l'état délivré à la
suite de l'enquête sur la conduite des fonctionnaires dans la journée
du 13 vendémiaire, et vol. II, fol. 30, la prestation de serment du
1er pluviôse an IV.

(21) **Archives des Dépôts littéraires,** vol. III, ff. 230, 260, 273.

et inattendues qui donnent une idée de la misère du temps, par exemple celle qui nous est révélée par une lettre du Ministre de l'intérieur en date du 24 pluviôse en IV (11 février 1796), qui accorde aux fonctionnaires comme à tous les agents publics qui ne reçoivent pas la ration militaire, une livre de pain par jour pour eux et une demi-livre pour leur femme et chacun de leurs enfants (22).

Parmi les employés des Dépôts, autres que les conservateurs que nous avons nommés plus haut, il faut remarquer particulièrement MM. Barbier, Dom Poirier et Dom Brial, reçus aux Cordeliers avec le titre et les fonctions de collaborateurs-bibliographes ; le premier le 16 thermidor an II, le deuxième le 30 messidor an III (23), le troisième le 15 nivôse an IV, et beaucoup d'autres, moins connus dans la bibliographie et les lettres, anciens religieux pour la plupart, la plupart aussi mêlés aux mouvements révolutionnaires du temps et qui occupaient ou occupèrent plus tard une place plus ou moins importante dans les hauts emplois littéraires. Le c. Peyre fils remplissait auprès des Dépôts les fonctions d'architecte et concourait à ce titre à leurs aménagements et à leur conservation.

Comme tous les fonctionnaires publics de cette époque, les employés des Dépôts furent soumis à toutes les exigences de la politique du moment. En l'an IV, le 1ᵉʳ pluviôse (21 janvier 1796), ils prêtèrent le serment de fidélité à la République et de haine à la Royauté. En l'an VIII (le 3 frimaire) ils prêtèrent le serment « à la République une et indivisible fondée sur l'égalité, la liberté et le système représentatif (24). »

(22) **Archives des Dépôts littéraires**, vol. II, ff 31, 33.
(23) *Ibid.*, vol. III, ff. 26, 30 et 32.
(24) *Ibid.*, vol. II, ff. 26, 30 et vol. III, ff. 280, 283. Le serment de haine à la royauté provoqua au Dépôt des Cordeliers un incident remarquable. Dom Brial l'avait prêté avec tous ses collègues ; mais quelques jours s'étant écoulés avant que le procès-verbal de cette prestation parvînt au bureau des bibliothèques, le chef de ce bureau adressa au Dépôt une lettre conçue en ces termes : « Vous avez été invités,

Ils prirent part en même temps à tous les sacrifices que les nécessités du temps imposèrent à tous les bons citoyens et surtout aux fonctionnaires. Ils furent invités, en l'an VI, par exemple, à contribuer, pour une part proportionnelle et fixée, dans l'emprunt national ouvert par la loi du 16 nivôse « pour les frais de la descente en Angleterre » et, en l'an VIII, ils contribuèrent, par une nouvelle souscription imposée « à l'organisation d'un bateau plat pour la même cause (25). »

A part les traitements des employés, les dépenses matérielles des Dépôts étaient, d'ailleurs, fort restreintes et la pénurie de leur budget était extrême. Une lettre du Conservateur du Dépôt de la Culture, adressée au Ministre de l'intérieur le 17 frimaire an VI, atteste qu'il manque de tout : papier, plumes, encres, balais et qu'il ne lui a été attribué que 30 fr. depuis six mois pour ces menues néces-

---

citoyens, à n'apporter aucun délai dans l'envoi des serments que la loi exige de ses fonctionnaires et employés, et cependant votre délai arrête le travail que le ministre exige et qu'il attendait hier. Je reçois l'ordre de vous demander sur-le-champ votre contingent. Je vous prie de l'envoyer sans retard. » Dom Brial, blessé dans ses principes et dans sa dignité par cette insolence administrative qui réclamait d'un tel ton « son contingent de serments », rédigea immédiatement de sa main la petite note suivante empreinte d'une certaine fierté douloureuse que remarqueront tous ceux qui savent quelle était alors la position de ces pauvres savants religieux, privés des lettres et chassés des maisons dont ils étaient la gloire : « Le c. Brial, ci-devant associé « à feu Dom Clément pour la continuation du *Recueil des historiens de* « *France* et de *l'Art de vérifier les Dates*, employé dans le bureau na « tional littéraire depuis le 15 nivôse dernier, a signé le procès-verbal « qui a été dressé en commun par les collaborateurs le 1ᵉʳ pluviôse « et n'a pas jugé à propos de continuer ses fonctions. » (**Archives des Dépôts littéraires**, vol. III, ff. 56-57.)

Dom Brial se trouva cependant, plus tard, mêlé de nouveau à ces affaires. C'est lui qui choisit en l'an XI, dans les Dépôts réunis, les livres destinés aux évêchés et aux séminaires. Il entra en 1805 à l'Institut et fut chargé de continuer l'œuvre de ses anciens collaborateurs. Il publia seul, de 1806 à 1818, les tomes XIII à XVI de l'*Histoire littéraire de France*. Il mourut en 1828.

(25) *Ibid.*, vol. III, ff. 146, 150 et vol. II, ff. 212, 214.

sités. Une autre lettre du 15 vendémiaire an VII demande des vitres pour les fenêtres et des cadenas, à défaut de serrures, pour les portes. Tout compris, d'après un tableau dressé par le Conservateur, le Dépôt de Louis-la-Culture avait coûté, de brumaire à fructidor an VI, 5,362 fr. 50 c. (26). La dépense générale des Dépôts n'en était pas moins considérable et provoquait souvent des réclamations ardentes. En l'an VI, ils coûtaient au Trésor public 116,972 fr., non compris 19,995 fr. pour le Conseil de conservation (27). En l'an X, ils étaient encore portés aux comptes généraux du Trésor pour 62,760 fr. 92 c. En l'an VIII, après leur épuisement et leur liquidation presque définitive, ils ne coûtaient plus que 28,134 fr. (28); mais ils continuèrent en partie jusqu'en 1823 de peser, par des pensions de retraite, sur le budget de la Bibliothèque de l'Arsenal.

L'ordre des travaux dans les bureaux des Dépôts littéraires, et la police intérieure de ces établissements, avaient été fixés par des règlements sévères établis par le Comité d'instruction publique. Des arrêtés du 25 vendémiaire et 18 nivôse an III avaient interdit qu'aucun livre ou objet d'art ne fût enlevé des Dépôts ou des maisons des émigrés sans que le Comité ait été appelé à statuer et qu'aucun de ces objets ne fût délivré sans qu'une description écrite en eût été faite par des mandataires de la Commission temporaire (29). Plus tard, un troisième arrêté du Ministre de l'intérieur, Chaptal, en date du 1er thermidor an IX, défendit qu'aucun livre fût extrait des Dépôts pour faire partie d'un établissement public, à moins qu'il ne traite de matières analogues à celles pour lesquelles cet établissement est institué (30).

Des règlements plus généraux pour le service de la po-

(26) **Archives des Dépôts littéraires,** vol. III, ff. 119, 191, 200.

(27) *Compte rendu* présenté au Directoire exécutif par le ministre de l'Intérieur pour l'an VI, page 92.

(28) *Comptes généraux du Trésor public* pour l'an X et l'an XIII.

(29) **Archives des Dépôts littéraires,** vol. II, fol. 18.

(30) *Ibid., ibid.,* fol. 108.

lice intérieure des Dépôts nationaux soumis à la surveillance de la Commission temporaire des arts avaient été rédigés par le Directoire en messidor et thermidor an III. Ces actes fixaient les heures de travail des employés de 8 à 2 heures en été, de 9 à 3 heures en hiver, avec un registre de présence obligatoire, fermé un quart d'heure après l'heure fixée. Ils défendaient de rien faire sortir des Dépôts sans en avoir donné connaissance aux gardiens, à qui les clefs devaient être remises tous les soirs et qui devaient rendre compte de toutes les infractions au Conservateur responsable, obligé de rendre compte lui-même tous les quinze jours à la Commission temporaire du travail opéré dans la quinzaine. Plus tard encore, l'arrêté du 1ᵉʳ thermidor an IX exigea un compte rendu mensuel et jour par jour du travail opéré par chacun des employés (31).

Ces dispositions réglementaires imposées à l'intérieur pour la régularité des travaux étaient accompagnées de mesures non moins sévères pour garantir à l'extérieur la sécurité des Dépôts eux-mêmes. Le terrible enseignement de l'incendie de la bibliothèque de Saint-Germain-des-Prés n'avait pas été perdu. La Convention nationale adopta, le 9 frimaire an III, une loi qui « interdit d'établir à l'avenir » aucun atelier d'armes ou de salpêtre, aucun magasin de fourrages ou d'autres matières combustibles dans les bâtiments où se trouvent des bibliothèques et autres collections précieuses d'objets de sciences et d'arts », et la Commission temporaire des arts fut chargée d'en assurer l'exécution (32).

(31) **Archives des Dépôts littéraires**, vol. II, ff. 6, 7, 109.

(32) *Ibid., ibid.*, ff. 4, 5. Voyez ce décret dans le *Bulletin des Lois*, 49, 50, et dans le Recueil de Duvergier, tome VII, page 334.

ADMINISTRATION ET TRAVAUX DES DÉPÔTS LITTÉRAIRES.

Cette sévérité réglementaire était nécessaire pour assurer l'ordre et la conservation des richesses entassées dans les Dépôts, ainsi que la prompte exécution des travaux intérieurs destinés à préparer les résolutions des pouvoirs qui devaient en disposer plus tard dans l'intérêt public. Ces travaux étaient considérables et appelaient toute l'activité des conservateurs et des collaborateurs de toute classe dans les Dépôts. Outre la correspondance administrative et privée que devaient entraîner les diverses opérations accomplies dans leur sein, il fallait en effet :

1. Recevoir et aménager les nombreuses bibliothèques ecclésiastiques et laïques qui venaient prendre place dans leurs galeries et en rédiger les cartes indicatives et les catalogues.

2. Faire le triage des livres qui devaient être conservés pour les bibliothèques générales ou spéciales et de ceux qui pouvaient être vendus ou échangés conformément aux règles établies par les autorités supérieures.

3. Pourvoir à la recherche et à la restitution des bibliothèques qui devaient être rendues aux émigrés et aux condamnés d'après les résolutions des Assemblées souveraines, et à la délivrance des livres choisis pour les établissements publics.

4. Négocier les échanges et les ventes de livres non conservés, satisfaire aux prêts et aux dons de livres autorisés pour des particuliers, résoudre, enfin, cette foule de ques-

tions diverses qu'une administration aussi considérable et aussi compliquée ne pouvait manquer de soulever.

Chacun de ces différents ordres de travaux doit être exposé à part. Nous parlerons d'abord de l'aménagement des bibliothèques réunies et des travaux de cartes et de catalogues dont ils durent être l'objet.

1. En entrant dans les Dépôts littéraires, les bibliothèques, enlevées des maisons ecclésiastiques supprimées ou de celles des émigrés, restaient séparées les unes des autres et les livres en étaient mis à part et étiquetés au nom des anciens propriétaires. Aux Cordeliers, les livres étaient rangés, comme nous l'avons dit, par galeries et par travées. Il en avait été fait des états qui indiquaient le nombre des volumes, le nom des propriétaires, les causes de la saisie, et le genre d'ouvrages dominant dans les collections. Ce Dépôt, organisé dans l'origine par Barrois l'aîné, membre de la Commission temporaire des arts, paraît avoir été un modèle de classement et d'ordre, tant que le retrait des bibliothèques rendues ou les recherches faites pour les livres attribués aux établissements publics n'y eurent pas jeté une confusion inévitable. Un ordre analogue régna aussi, dès le principe, dans le Dépôt de Louis-la-Culture et dans les établissements secondaires (33), et rendit plus tard moins difficile d'y retrouver, soit classés, soit en ballots, les livres recherchés, quand on en connut la provenance. Ces précautions, qui annoncèrent dès l'origine le peu de foi des organisateurs de cette œuvre dans la durée et le succès définitif de l'entreprise, se trouvèrent très utilement justifiées quand vint la liquidation générale de toutes ces richesses.

Pour toutes les bibliothèques réunies dont les cartes et les catalogues n'avaient pas été rédigés par leurs anciens possesseurs, ces deux opérations essentielles furent entreprises dans les Dépôts, d'après des règles précises établies par les savants bibliographes du Comité des Quatre-Na-

(33) **Archives des Dépôts littéraires,** vol. I, ff. **128** et suiv.

tions et de la Commission temporaire des arts. Ces règles avaient été posées dès 1791, pour les employés bibliographes chargés de classer dans les dépôts primitifs les bibliothèques des premières maisons religieuses supprimées (34), elles furent confirmées et développées dans la correspondance adressée aux administrateurs de district par le Bureau de la bibliographie (35) qui n'oublia rien de tout ce qui touchait à la rédaction des cartes indicatives et des catalogues. On a vu dans ce qui précède, à propos du personnel des Dépôts, que les plus savants bibliographes de l'époque furent appelés à concourir à ce travail, auquel on avait assigné d'abord une destination gigantesque et qui ne fut pas achevé, les livres des Dépôts ayant été dispersés, comme nous le verrons bientôt. Beaucoup de cartes indicatives, rédigées alors, sont entrées, avec les livres dont elles contenaient la description, dans les bibliothèques publiques ou spéciales qui les ont recueillis. Le plus grand nombre a été porté, en 1811, avec le résidu des dépôts à la Bibliothèque de l'Arsenal, où elles sont restées. Quant aux catalogues, ce qui existait et ce qui en fut fait a été conservé dans les tomes V à X du recueil où nous avons puisé la plus grande partie des matériaux de ce travail.

2. L'ordre de cette exposition des divers travaux accomplis dans les Dépôts littéraires appellerait ici ce qui fut entrepris successivement pour opérer le triage des livres ; mais l'importance particulière de cette opération, qui devait préparer toutes les autres, et le nombre des actes d'administration qu'elle rendit nécessaires exigent que nous l'exposions à part ci-après dans un chapitre spécial.

3. Une des plus grandes préoccupations de l'administration des Dépôts littéraires fut la recherche et la délivrance des livres choisis par les établissements publics autorisés à y puiser pour leurs bibliothèques et de ceux qui devaient

(34) **Archives des Dépôts littéraires,** vol. I, fol. 12 : « *Réflexions sur le travail du catalogue des bibliothèques ecclésiastiques de Paris.* »

(35) **Correspondance de la Bibliographie** : mss. de l'Arsenal, H. F., n° 872 ter (n° nouv. 6326).

être rendus, d'après les lois et les arrêtés du pouvoir, aux émigrés et aux condamnés qui avaient rempli les formalités exigées. La Convention nationale, avec une franchise qui n'était pas sans grandeur, avait reconnu, dans la loi du 21 prairial an III (9 juin 1795), que l'application des lois révolutionnaires sur les émigrés et la condamnation des suspects avaient été souvent abusives, et, dans l'impossibilité de distinguer, par des révisions isolées, les innocents des coupables, elle avait ordonné en masse, sauf quelques exceptions, la restitution de leurs biens aux familles des condamnés qui s'étaient mis en mesure de les recevoir. Un arrêté du Comité d'instruction publique rendu le 23 prairial avait autorisé, en conséquence, la Commission exécutive à restituer les livres appartenant aux condamnés qui avaient adressé leur demande au Ministre de l'intérieur, fait lever les scellés, et obtenu une décision du Bureau du Domaine approuvée par le Ministre des finances et renvoyée par le Ministre de l'intérieur à la Commission temporaire des arts. Ces formalités remplies, cette Commission faisait faire la recherche dans les Dépôts et autorisait la délivrance des livres réclamés (36). Un avis du Ministre de l'intérieur Chaptal, en date du 14 thermidor an IX, défendit de restituer ces livres quand ils ne portaient point les noms ou les armes du réclamant (37); mais cette prescription fut rarement respectée.

Il arrivait souvent que les livres ne pouvaient être retrouvés dans les Dépôts, soit qu'ils aient été perdus, soit qu'ils aient été fondus dans la masse par un mélange inévitable. Beaucoup d'établissements publics, d'ailleurs, avaient été autorisés, comme nous le verrons, à choisir, dans les Dépôts, les livres nécessaires pour fonder ou compléter leurs bibliothèques et les choix s'étaient portés de préférence sur les bibliothèques d'émigrés ou de condamnés, bien plus brillantes et plus variées que les biblio-

(36) **Archives des Dépôts littéraires**, vol. XII, ff. 1 et 2.
(37) *Ibid., ibid.*, fol 13, note de la main de Chaptal.

thèques ecclésiastiques. Aux Cordeliers notamment, les recherches étaient souvent infructueuses et le Conservateur était obligé de déclarer au Ministre que ce n'était plus dans les Dépôts, mais dans les grandes bibliothèques publiques, dans celles des établissements spéciaux, dans les départements, à Constantinople, en Egypte, qu'il fallait aller chercher les bibliothèques d'émigrés (38). Aussi, le Ministre, François de Neufchâteau, fut-il obligé de décider que « toutes les fois que les livres à restituer ne se trouveraient pas dans les Dépôts, les réclamants choisiraient un équivalent » parmi les livres inutiles aux écoles et pourraient les recevoir en échange, en vertu d'une autorisation spéciale. Plus tard, les réclamations et les restitutions s'étant reproduites jusque sous la Restauration, on prit le parti, sur le conseil du savant bibliographe Barbier, Conservateur des bibliothèques de la couronne, de donner en dédommagement aux familles réclamantes les grands ouvrages publiés par le Gouvernement (39).

Parmi les bibliothèques qui furent recherchées dans les Dépôts et rendues, quand on les retrouva, à leurs anciens propriétaires (40), on distingue celles des émigrés et con-

(38) **Archives des Dépôts littéraires**, vol. XII, fol. 204. Lettre adressée au Ministre de l'intérieur (le 13 ventôse an IX), par l'administrateur des Dépôts réunis.

(39) Lettre du 10 ventôse an VII, *ibid.*, *ibid.*, fol. 3. Voyez à cet égard les observations du Conservateur du Dépôt des Cordeliers, ff. 4 et 204. La lettre de Barbier a été reproduite en 1857 dans le *Bulletin du Bibliophile*, 1857, p. 490.

(40) On trouvera toutes les correspondances, arrêtés et reçus relatifs à ces restitutions dans les volumes XI et XII des **Archives des Dépôts littéraires**, classés par ordre alphabétique des restitués. Le nombre des livres ainsi rendus fut considérable. D'après les renseignements donnés par les Dépôts à Creuzé-Latouche, membre du Conseil des Anciens, en vertu d'une lettre du Ministre de l'intérieur du 2 messidor an V, dès le 18 messidor, le Dépôt des Capucins avait rendu 1,960 volumes sur 9,267 reçus d'émigrés ; le Dépôt de Thorigny avait restitué 16,000 volumes ; celui de la rue de Lille 9 bibliothèques ; celui de la rue Saint-Marc 40,000 volumes ; celui des Cordeliers 21 bibliothèques, 15,000 volumes ; celui de Versailles 22 bibliothèques ou 19,030 volumes. Les

damnés : Saint-Amand, ex-fermier général ; Bourbon-Conty,
Victor de Broglie, Dainé, Julien de Toulouse, Lavoisier,
Mac-Mahon, Bazire, le chevalier de Boufflers, Carrier, dont
la bibliothèque estimée 113 francs fut rendue le 11 floréal
an V ; Condorcet, dont la veuve recouvra ainsi le 2 ventôse
an VI 150 exemplaires de ses œuvres ; Couthon, dont la
bibliothèque de quelques ouvrages sans valeur fut rendue
à sa veuve le 15 brumaire an VIII ; Custine, de la Luzerne,
Ad. Duport (non retrouvée aux Cordeliers) ; Gensonné,
rendue à sa veuve le 27 pluviôse an IV ; de Vergennes ;
Al. Lameth (non retrouvée) ; des La Rochefoucault ; des
Montmorency ; Ch. de Noailles (non retrouvée) ; Mlle Ro-
land, fille de l'ex-ministre ; Saint-Simon ; les Bénédictins
anglais (41) ; et, l'une des premières, la bibliothèque de
l'ex-évêque Talleyrand de Périgord, rayé des listes d'émigrés dès le 18 fructidor an III. Sa bibliothèque de 500 volumes, recherchée, en vertu de l'ordre de restitution du
Comité des finances en date du 17 vendémiaire, fut retrouvée intacte aux Cordeliers et rendue à ses mandataires le
13 brumaire an IV.

D'autres réclamants reçurent des livres en échange : on
donna 1,200 volumes à Regnault de Saint-Jean d'Angély,
en échange de ceux qui lui furent enlevés quand il échappa
par la fuite à l'échafaud (17 ventôse an III) ; l'abbé Mons,
aumônier de l'Empereur, reçut une bibliothèque (12 vendémiaire an XIII) en compensation de celle qu'il réclamait
et qui n'avait pas été retrouvée ; Barthélemy, archiviste

pièces réunies dans les tomes XI et XII de la collection des **Archives
des Dépôts littéraires** constatent la restitution en nature ou en équi-
valents de 179 bibliothèques.

(41) Les livres des Bénédictins anglais, séquestrés en 1793 et réunis
au Dépôt de la rue Saint-Marc, furent rendus les 29 brumaire et 11 frimaire an IV, sur le reçu de Rob. Aug. Kellet, procureur de leur
maison. (*Ibid.*, vol. XI, ff. 48, 56.) Ils furent, cependant, réclamés de
nouveau en 1815, et l'administrateur de la Bibliothèque de l'Arsenal,
à qui leur réclamation fut renvoyée, fit de vaines recherches dans les
résidus des Dépôts. Les reçus ont été retrouvés depuis dans le travail de classement de ces archives.

de l'ordre de Malte, reprit la sienne, « avec une indemnité pour dégradations et jouissance interrompue » (23 ventôse an III) ; mais on ne retrouva point les bibliothèques de la comtesse Albani et d'Alfieri enlevées le 28 floréal an XI de l'hôtel Thélusson, et de là peut-être le germe de cette haine ardente que le poète montra bientôt pour la France et ses nouvelles institutions (42).

4. L'administration des Dépôts eut, en même temps, à poursuivre un autre ordre de négociations plus compliquées et plus délicates : celles des échanges, non plus avec les anciens possesseurs de bibliothèques non retrouvées, mais avec des auteurs qui cédaient leurs livres pour les besoins des ministères ou des administrations publiques ou avec des libraires qui se chargeaient de les fournir. Ainsi fut suivie, en nivôse an IX, une longue et curieuse négociation avec M. de Gérando, pour la cession de 100 exemplaires de son livre « *Sur l'influence des signes,* » négociation qui, après de longs débats, finit par le retrait et la reprise de cet échange (43) ; un grand nombre d'autres négociations du même genre furent suivies notamment : en échange des 120 exemplaires des « *Antiquités nationales,* » avec Drouhin, qui reçut en payement 4,900 volumes, plus 12,250 livres pesant de livres de rebut estimés 1,531 francs (prairial an VIII) (44). En échange de la « *Phytologie universelle,* » avec Joliclere, qui reçut 4,158 myriagrammes pesant de vieux livres (nivôse an VIII) (45). Les *Mémoires de l'Académie des sciences* furent donnés à Regnault de Saint-Jean d'Angely, en échange de certains manuscrits (46) ; et beaucoup d'autres opérations du même genre.

Quelquefois l'échange se faisait après estimation et expertise : par exemple, des libraires cédaient à la Biblio-

---

(42) **Archives des Dépôts littéraires,** vol. XII, ff. 10, 12.
(43) *Ibid.,* vol. II, ff. 91-98, et vol. IV ff. 38-54.
(44) *Ibid.,* vol. II, ff. 67-77.
(45) *Ibid., ibid.,* fol. 61 et suiv.
(46) *Ibid., ibid*, ff. 142-154.

thèque nationale les *Manuscrits du Parlement de Paris* et recevaient en échange des livres pour une somme de 5,272 francs d'après l'estimation de Van Praet (47). Le libraire Rondonneau cédait, le 20 messidor (8 thermidor an XI), deux de ses *Collections des Loix*, pour lesquelles il recevait une liste de livres choisis par lui, après l'estimation des experts Merlin et de Bure (48) ; 120 exemplaires de *Bézout*, vendus 6,000 francs, étaient échangés le 22 nivôse an IX, par le libraire Richard, contre une liste de livres estimés par Chardon de la Rochette (49). L'État alors, dans sa pénurie, achetait et payait ainsi ses dettes avec les livres des Dépôts, quelquefois avec une garantie sérieuse d'échange loyal, trop souvent sans nulle garantie.

Le prix des livres donnés ainsi en payement ou en échange, quand il s'agissait de livres dits de rebut et livrés au poids, varia selon les circonstances ; mais il fut toujours très modique. Dans l'échange cité plus haut des « *Antiquités nationales,* » il fut livré 25.200 livres pesant de livres de rebut à raison de 8 fr. le quintal. Dans l'échange des 4,158 myriagrammes de livres donnés pour « la *Phytologie universelle,* » les livres se trouvèrent vendus à 0 fr. 068 environ la livre pesant. Une lettre adressée au directeur du Dépôt de Louis-la-Culture, le 9 germinal an VIII, fixe le prix moyen avec cartons à 7 francs le quintal ; une autre pièce de la même époque le porte à 8 francs, formats mêlés (50). C'était à peine quelques centimes la livre, et c'est à ces prix, comme on l'a vu d'après la déclaration de ce Conservateur, en date du 9 brumaire an IV, qu'il en avait livré 162,650 livres pesant. Le Ministre de l'intérieur, par sa lettre du 2 prairial an VIII (51), avait essayé vainement

(47) **Archives des Dépôts littéraires,** vol. II, ff. 157, 164, 176, 177.

(48) *Ibid., ibid.,* ff. 184 et suiv.

(49) *Ibid.,* vol. III, ff. 296-303.

(50) *Ibid.,* vol. III, fol. 295. Voyez une négociation entamée les 10-20 prairial et 24 messidor an VII, entre le même Conservateur et un fabricant de papiers, *ibid.,* ff. 253-259.

(51) *Ibid., ibid.,* fol. 305.

d'arrêter ces opérations en suspendant jusqu'à nouvel ordre les échanges non pleinement accomplis. La nécessité l'emporta.

Un autre ordre de correspondances et d'opérations aussi importantes s'accomplissait dans les Dépôts au milieu de tous les soins dont leur administration se trouvait surchargée. Des savants : Gaïl, Guéroult, Hauy, Leclerc, Volney, Lacretelle, l'abbé Grégoire, recevaient l'autorisation d'emprunter aux Dépôts les livres nécessaires à leurs travaux (52); d'autres les obtenaient en pur don, comme nous le verrons plus loin, ou à titre de récompense nationale. En même temps, des livres étaient tirés des Dépôts pour d'autres destinations : pour les besoins de l'industrie, d'abord, par exemple, ceux qui furent livrés pour la fabrication de cylindres de papier au Conservatoire des Arts-et-Métiers en vertu de lettres ministérielles du 28 prairial et du 29 vendémiaire an VII (53); par exemple encore les 6,234 volumes in-folios de « livres de dévotion », qui furent enlevés du Dépôt de Louis-la-Culture les 5 frimaire et 4 nivôse an VII, « pour le service de l'artillerie » (54); enfin, d'autres en furent tirés pour être vendus comme vieux papiers, en vertu d'autorisations données, notamment le 20 pluviôse an XI par le Ministre de l'intérieur Chaptal (55).

(52) **Archives des Dépôts littéraires**, vol. IV, ff. 263, 265, 266, 268, 260, etc. Tous ces livres étaient prêtés à charge de restitution aux Dépôts. Nous n'avons trouvé trace d'aucune autre restitution que celle de l'abbé Grégoire, qui renvoya, le 13 ventôse an X, les livres qu'il avait empruntés pour un travail public.

(53) *Ibid.*, vol. XXVI, ff. 284-289.

(54) *Ibid.*, vol. II, ff. 38-40.

(55) *Ibid.*, vol. IV, ff. 148-150. La vente produisit cette fois-là 462 fr. 25 c.

III

TRIAGE DES LIVRES DANS LES DÉPÔTS LITTÉRAIRES.

Mais la grande affaire, la principale préoccupation des administrateurs des Dépôts et des pouvoirs qui dirigeaient leurs travaux, fut l'accomplissement du triage des livres, regardé comme nécessaire pour en préparer la distribution et la destination la plus conforme aux intérêts des sciences et des lettres. Le principe de ce triage avait été posé dès l'origine, par l'art. 2, tit. III, du décret du 28 octobre 1790, qui, en prescrivant aux administrateurs du district de faire le catalogue des livres des communautés supprimées, avait ordonné qu'il fût fait une distinction des livres à conserver, avec ceux qui pourraient être vendus. Dans les travaux préparés par l'ordre du Directoire du département de Paris, pour le catalogue des bibliothèques ecclésiastiques, on prescrivait, en application de ce principe, la division des livres en trois classes principales : l'une, des livres rarissimes, qu'un grand empire ne doit jamais laisser vendre et qui doivent être réservés pour les Dépôts publics; la seconde, des livres d'une valeur suffisante pour qu'ils puissent être marqués pour les Dépôts ou vendus avec quelque avantage; la troisième, enfin, des livres dépareillés ou de nulle valeur (56). Mais cette classification se trouva souvent et profondément modifiée par les actes postérieurs.

Après la dissolution du Comité et de la Commission

(56) Décret relatif à la vente et à l'administration des biens nationaux. (B. VII, 172.)

exécutive de l'instruction publique, l'opération du triage des livres fut enlevée, en quelque sorte, aux administrateurs des Dépôts et confiée à une classe spéciale d'employés. Une lettre du Ministre de l'intérieur, en date du 22 floréal an IV, annonça aux conservateurs de ces établissements qu'il avait chargé MM. Barbier et Le Blond de se transporter dans les Dépôts pour y accélérer le triage (57). Un autre avis du 26 germinal an VI plaça l'opération elle-même sous la direction spéciale du Conseil de conservation des arts (58). Et, en effet, nous voyons bientôt ce Conseil nommer des employés placés sous sa direction exclusive et former, dans chaque Dépôt, un bureau à part pour le triage (59). Le Conseil de conservation conserva cette attribution jusqu'à sa suppression, qui eut lieu le 1ᵉʳ vendémiaire an IX. Il fut remplacé par un inspecteur au triage, M. D'aigrefeuille, qui lui fut substitué dans ces fonctions par l'article 8 de l'arrêté du 24 nivôse an IX (60).

Tant qu'il exista, le Conseil de conservation dirigea le triage des livres d'après les principes de l'arrêté du 12 nivôse an VI, rendu conformément aux vœux exprimés à cet égard par l'Institut dans un rapport demandé par le Corps législatif et sur lequel nous reviendrons bientôt (61). Selon les principes de cet acte, les livres devaient être séparés en trois classes, après avoir mis en dehors de tout triage les éditions antérieures à 1550 et les livres écrits en langue étrangère. La première classe contenant les bonnes éditions des Bibles, des Pères et des Conciles, douze exemplaires des auteurs les plus estimés; la seconde, comprenant les théologiens scolastiques et moraux et les éditions de la première classe au delà du douzième exemplaire; la

---

(57) **Archives des Dépôts littéraires,** vol. III, ff. 77, 207.

(58) *Ibid.,* ff. 155-157.

(59) Voyez l'arrêté du 1ᵉʳ brumaire an VII. *Ibid.,* vol. III, fol. 205. Voyez aussi les Rapports du Conservateur de Louis-la-Culture, en date du 24 nivôse et 3 floréal an VI. *Ibid.,* vol. II, ff. 47-49.

(60) *Ibid.,* vol. II, ff. 86-87.

(61) *Ibid., ibid.,* ff. 41-43.

troisième, les livres inutiles et sans valeur et les mauvaises éditions des bons livres. La première classe devait être conservée, la seconde vendue ou échangée, sur un catalogue sommaire; la troisième vendue à l'encan ou au poids ou livrée aux besoins de l'artillerie. Le classement devait être fait principalement « au point de vue commercial, » et le Dépôt de la Culture, où les matériaux abondaient, devait être le centre de tout le travail. Ce travail ne fut pas poussé jusqu'au bout, les Dépôts s'étant trouvés envahis et troublés par les choix et l'enlèvement des livres qui eurent lieu à cette époque dans leur sein pour le compte des établissements de toute nature autorisés à cet effet.

Le système de triage adopté en l'an VI ne concernait que les livres de théologie, dont on ne tenait pas alors grand compte. Un nouveau système prévalut en l'an IX sous l'empire de préoccupations exclusivement favorables à l'instruction publique; durant le ministère intérimaire de Chaptal et au moment de la réunion des Dépôts, un arrêté du 24 nivôse an IX décida que les livres contenus dans les Dépôts seraient divisés en deux classes : les livres utiles à l'instruction publique, les livres dont l'instruction publique n'a pas besoin. Les premiers devaient être réunis dans celui des Dépôts le plus propre à leur conservation, les autres destinés à la vente ou à l'échange (62).

D'autres arrêtés en date du 1er thermidor, suivis, le 16 du même mois, par un règlement interprétatif (63), eurent surtout pour but d'ordonner la séparation des livres complets et des livres incomplets, ainsi que la division des premiers en cinq classes selon les matières, et d'activer et distribuer le travail entre les employés spécialement désignés pour chaque Dépôt. Ce nouveau système ne paraît pas avoir eu plus de résultats que les précédents, l'ordre établi se trouvant incessamment détruit au milieu de tous les enlèvements de livres autorisés qui se faisaient alors dans

(62) **Archives des Dépôts littéraires,** vol. II, fol. 86.
(63) *Ibid., ibid.,* ff. 110-112 bis.

les Dépôts. Et le 29 pluviôse an X le Ministre décida radicalement que les employés des Dépôts cesseraient leurs fonctions à partir du 1ᵉʳ germinal (64).

Enfin, un dernier système, étranger à toute vue scientifique, fut essayé le 7 thermidor an XIII (65) à la suite du décret de Milan dont nous parlerons bientôt. Sous la surveillance et par les soins d'une Commission analogue aux anciennes Commissions des Quatre-Nations et des monuments, les livres restant durent être partagés en quatre classes ou plutôt en quatre parts destinées : la première à la Bibliothèque Impériale ; la seconde aux évêques et à leurs séminaires ; la troisième à la Bibliothèque du Ministre de l'intérieur ; la quatrième à la vente publique.

La Bibliothèque Impériale obtenait le droit de désigner les livres qui lui conviendraient et ces livres devaient y être directement et immédiatement transportés. Ceux de théologie devaient être adressés sans délai, sur la demande des évêques, aux bibliothèques épiscopales ou des séminaires. Cet arrêté, qui porte l'empreinte impériale, voulait évidemment en finir. Nous verrons s'il en vint à bout. De scientifique qu'il fut dans l'origine, de purement commercial qu'il était en l'an VI, d'exclusivement favorable à l'instruction publique en l'an IX, le principe du triage des livres devint en l'an XIII autoritaire et épiscopal. Il ne paraît pas en avoir porté de meilleurs fruits et produit des résultats plus positifs. Là où les hommes les plus compétents avaient échoué en 1791, en l'an VI et en l'an IX, dans la tentative de concilier des classifications bibliographiques régulières avec la mobilité permanente des livres recueillis

(64) **Archives des Dépôts littéraires,** vol. IV, fol. 80.

(65) *Ibid.*, vol. II, ff. 218-220. La Commission désignée par les articles 4 et 5 de l'arrêté du 7 thermidor an XIII était composée de MM. D'aigrefeuille, administrateur, et Van Thol, conservateur du Dépôt, Carré d'Haronville et Deshayes, gardes des Archives, Jacquemont, chef du bureau des sciences ; un Commissaire de la Bibliothèque impériale, Chardon de La Rochette et Maugerard, deux libraires de Paris. Deshayes, secrétaire chargé de l'exécution.

dans les Dépôts, mais soumis aux recherches incessantes et aux prélèvements d'une multitude d'agents appelés à se partager leurs dépouilles, la volonté impériale elle-même fut impuissante, si ce n'est à hâter leur dissolution. On eût dit, en vérité, que l'État, qui avait capturé et réuni cette immense collection de richesses bibliographiques, dépouilles contestées de tant de savantes communautés ecclésiastiques et de tant de riches bibliothèques privées, ne savait plus quel édifice il pourrait élever sur les ruines qu'il avait amassées. Tous ces classements et reclassements, tous ces triages de livres, tous ces travaux de catalogues, de cartes indicatives, d'inventaires scientifiques ou commerciaux accomplis dans les Dépôts durant dix ans furent bien loin d'atteindre leur but spéculatif et régulier, mais ils servirent cependant à faciliter les recherches et le choix des nombreux agents chargés de disposer des richesses amassées dans les Dépôts.

Nous verrons dans la dernière partie de cette notice ce qui sortit cependant d'inattendu et de grand de cette immense révolution bibliographique et à quels établissements scientifiques et littéraires nouveaux elle profita.

IV

Toutefois, pour satisfaire au besoin d'économies qui avait
fait sentir la nécessité de prendre une résolution et, en
même temps, pour simplifier l'administration des Dépôts
littéraires, on résolut de les réunir, d'abord aux deux principaux Dépôts des Cordeliers et de Louis-la-Culture, puis,
bientôt après, en un seul. Le Ministre de l'intérieur avait
décidé le 18 germinal an V que la maison Montmorency
serait mise en vente le 20 courant ; on commença donc par
le Dépôt de la rue Saint-Marc, dont le transport aux
Cordeliers fut accompli du 25 messidor au 19 thermidor
an V. Ce Dépôt était alors composé d'environ 150 bibliothèques grandes et petites, presque toutes cataloguées. On
mit chacune de ces bibliothèques en ballots étiquetés au
nom du propriétaire et numérotés selon l'ordre des tablettes, pour être replacées, sur le même plan, aux Cordeliers. Chaque jour on en transporta quatre grands cha-
riots fournis par les entrepreneurs des charrois de la
République, sous la surveillance du Conseil de conservation des arts. Le Dépôt de la rue de Lille suivit bientôt celui de la rue Saint-Marc (9 fructidor an V). Puis
vint, le 6 nivôse an VI, la réunion du Dépôt de Thorigny aux mêmes conditions de surveillance du Conseil
de conservation pour l'emballage et le transport des livres.
Le Dépôt de Franciade prit l'année suivante la même route
et ses cinquante mille volumes furent partagés, le 23 pluviôse an VII, entre les deux grands Dépôts de Louis-la-

Culture et des Cordeliers. Le Dépôt des Capucins-Saint-Honoré avait été réuni antérieurement à celui de Louis-la-Culture (66).

On pense bien que toutes ces alluvions nouvelles de livres transportés dans les deux Dépôts conservés, à l'embarras desquelles venaient se joindre les recherches et les enlèvements de livres faits pour les grandes bibliothèques nationales et les bibliothèques spéciales des établissements autorisés à y puiser le complément de leurs collections, ne faisaient avancer ni le triage, ni le travail des cartes et des catalogues. Cela dura ainsi jusqu'au commencement de l'an IX, où une plus grande résolution fut prise, celle de fondre les deux Dépôts de la Culture et des Cordeliers en un seul. Le 28 vendémiaire an IX, en effet, en exécution de son arrêté du 1er vendémiaire, le Ministre de l'intérieur Lucien Bonaparte signifia cette résolution aux Conservateurs des deux Dépôts en leur demandant un état sommaire de ces établissements, la confection d'un catalogue général et un projet d'administration présentant leurs vues sur les réformes à introduire dans les établissements confiés à leurs soins. Aucun changement ne fut apporté, d'ailleurs, dans le personnel. Les deux administrateurs conservèrent leurs appointements et leurs fonctions, qu'ils durent exercer pendant un an à tour de rôle selon l'article 9 de l'arrêté postérieur du 24 nivôse. L'article 8 du même arrêté nommait un inspecteur au triage, M. D'aigrefeuille, et l'article 11 demandait un rapport sur celui des deux locaux qui convenait le plus aux livres qu'il s'agissait de conserver. L'arrêté donnait un délai de six mois pour l'opération du transport (67).

Ce rapport fut fait à la fois par les Conservateurs des Dépôts et par l'Inspecteur au triage; ce dernier donna les véritables raisons de la préférence à accorder aux Cor-

(66) **Archives des Dépôts littéraires,** vol. I, ff. 119-120; II, fol. 291; et III, ff. 100, 109, 111, 113, 126, 229.

(67) *Ibid.,* vol. II, ff. 73, 79, 82, 85, 87.

deliers (68). Ce Dépôt était plus clair, plus commode, plus sain, plus à la portée du public. Il contenait, dans un vaste bâtiment isolé de 40 toises sur 12, une foule de bibliothèques particulières réunissant une grande variété de livres utiles, curieux, agréables que n'offraient pas les bibliothèques monacales du Dépôt des Jésuites. Ces raisons étaient concluantes. Il s'y en ajouta bientôt, d'ailleurs, une dernière qui n'eut pas moins d'influence que toutes les autres ensemble sur les résolutions des pouvoirs du moment. L'esprit du jour retournait aux idées et aux influences religieuses. Le Concordat apparaissait déjà dans un avenir prochain et, avec lui, la nécessité de faire cesser ce long scandale d'une église, illustre par ses traditions, devenue un magasin de librairie. Toutes ces considérations l'emportèrent et le Dépôt de Louis-la-Culture, déjà en lutte depuis longtemps contre les envahissements successifs de la troisième École centrale à laquelle a succédé le lycée Charlemagne, fut sacrifié. L'église fut rendue au culte et l'évacuation du Dépôt fut résolue définitivement (69).

Les négociations pour l'exécution continuèrent cependant entre le Ministre et l'administration des Dépôts. Le Ministre (11 messidor an X), en persistant à approuver le transport des livres aux Cordeliers, voulut avoir un aperçu des dépenses qu'il entraînerait. L'administrateur répondit (le 1ᵉʳ thermidor) qu'il s'agissait de 400,000 volumes, que 800 voyages de charrettes, servis par huit hommes de peine au moins, seraient nécessaires pour charger, déballer, replacer cette masse énorme de livres, que cela pourrait bien coûter 3,680 francs; mais que cette somme pourrait elle-même être couverte par la vente des planches devenues inutiles et estimées plus de 3,900 francs. Enfin, on entra dans tous les détails qui compliquaient déjà dès cette époque d'une façon si fâcheuse et qui rendent si lents, même de

---

(68) **Archives des Dépôts littéraires,** vol. II, fol. 115, et III, fol. 366.

(69) *Ibid.,* vol. IV, ff. 87-96, où sont toutes les pièces concernant ces restitutions.

nos jours, tous les travaux faits directement par l'Administration (70).

L'opération faillit être entravée de la manière la plus grave par un incident qui survint inopinément et sembla prendre tout d'abord le plus fâcheux caractère. L'un des conservateurs des Dépôts réunis, le c. Dambreville, fut tout à coup destitué et remplacé par l'inspecteur au triage, le c. D'aigrefeuille. Dambreville avait été dès l'origine conservateur au Dépôt de la rue Saint-Marc et, après la réunion, il avait été appelé, le 29 germinal an IV, aux Cordeliers, avec de grands éloges sur sa capacité et sa conduite. La réunion de l'an IX l'avait laissé à son poste. Cependant, il se trouva tout à coup forcé, le 17 prairial, de remettre à son collègue la clef du Dépôt des Cordeliers, qu'il devait garder un an, d'après l'arrêté du 24 nivôse. Le 7 messidor, il était en prison depuis 29 jours et sollicitait l'intervention de son successeur pour obtenir sa liberté. Les scellés étaient mis sur ses livres et sur ses papiers. Le 16 du même mois un premier procès-verbal, transmis au Préfet de police, constata la saisie faite chez lui de 5,275 volumes appartenant aux Cordeliers et reconnus comme tels ; un second procès-verbal enregistra la saisie de 3,150 volumes ; un troisième, celle de 242 volumes qu'il prétendait lui appartenir. Dambreville, en remerciant le Ministre de sa dernière promotion, avait manifesté l'espoir qu'en récompense de services si bien reconnus, il lui serait permis de se choisir une petite bibliothèque parmi les livres doubles et inutiles des Dépôts. Peut-être crut-il que sa demande avait été accueillie. En tous cas, il avait trop et surtout trop bien choisi. L'affaire ne paraît pas avoir eu d'autre suite que sa destitution et la restitution des 9,595 volumes saisis, dont on l'avait même laissé gardien pendant qu'ils étaient sous les scellés. Cependant, les livres furent reportés au Dépôt, ceux qu'il avouait avoir soustraits et ceux qu'il prétendait lui appartenir, le c. Chaptal, alors

(70) **Archives des Dépôts littéraires**, vol. IV, ff. 98-130.

ministre, ayant sagement fait observer que son infidélité avouée établissait la présomption de droit que tous les livres trouvés chez lui appartenaient au Dépôt qu'il avait violé. Ils y rentrèrent, en effet, les 13 et 14 thermidor an IX, remplissant sept voitures employées à leur transport, et furent placés, par l'ordre du ministre, dans un dépôt particulier d'où ils sortirent plus tard, en grand partie, comme nous le verrons, pour former la bibliothèque particulière du premier Consul (71).

Pendant ce temps, l'opération du transport des livres de Louis-la-Culture suivait lentement son cours. Elle se prolongea en l'an X, malgré des réclamations incessantes, et jusqu'aux premiers mois de l'an XI. Au lieu des six mois fixés, elle dura deux ans. Le recueil qui fournit les renseignements les plus positifs sur tous ces détails, sur le nombre de volumes déménagés, sur celui des voitures et des ouvriers employés, sur le prix que coûta l'opération est rempli de notes incomplètes; mais ces détails importent peu. Le déménagement paraît avoir été à peu près terminé dans le courant de nivôse an XI. L'église Saint-Louis des Jésuites avait été rendue au culte, et l'administration ecclésiastique comme l'administration civile en réclamaient avidement la restitution effective. Le 15 nivôse an XI, le Ministre de l'intérieur Chaptal écrivit au Conservateur des Dépôts que l'église Saint-Louis étant entièrement évacuée, il l'invite à remettre les clefs au Préfet du département de la Seine, des mains duquel l'Archevêque de Paris devait les recevoir. Les clefs furent, en effet, remises le 17 nivôse (7 janvier 1803).

Une opération semblable à cette concentration, plus simple, mais qui ne manquait pas cependant d'importance, avait été faite en même temps pour les dépôts réunis à Versailles par les soins de la Commission des arts pour tous les districts du département de Seine-et-Oise. Le 5 germinal an IX, le Ministre de l'intérieur adressa à l'in-

(71) **Archives des Dépôts littéraires,** vol. II. ff. 295 et suiv.

specteur du triage une lettre dans laquelle, en lui annonçant sa résolution de faire transporter à Paris tous les livres du Dépôt de Versailles propres à être placés dans les bibliothèques publiques, il lui ordonnait d'envoyer à Versailles les employés nécessaires pour choisir les livres et en surveiller l'emballage et le transport. D'aigrefeuille présida lui-même à cette opération, qui fut accomplie promptement, comme le constate son rapport du 2 floréal, 30,000 volumes d'ouvrages choisis furent envoyés par ses soins à Paris et placés aux Cordeliers. Et il fallait que les 127,100 volumes que contenaient dans l'origine les dépôts de Versailles eussent bien diminué, car il n'y restait plus, selon lui, ces trente mille volumes enlevés, que des livres à vendre pour le pilon et d'un débit facile sur les lieux. L'état des dépenses constate qu'il avait fallu employer quatorze voitures pour le transport, dix journées de cinq employés payés de 6 à 10 fr. par jour, et il montait à 667 fr. 75 c. (72). Il faut noter que parmi les anciens districts du même département se trouvait la ville de Pontoise, dont la bibliothèque était devenue nationale, et que le 28 vendémiaire an XIII le Ministre refusa d'en autoriser le déplacement (73).

Ce dépôt avait été compris pour 7,250 volumes dans le tableau général des bibliothèques de Seine-et-Oise, et plusieurs autres, celui de Saint-Germain notamment, pouvaient se trouver dans le même cas.

Ainsi confondus en un seul Dépôt, toutes les collections sorties des maisons ecclésiastiques supprimées, ou des bibliothèques d'émigrés non restituées, continuèrent d'être

(72) **Archives des Dépôts littéraires**, vol. III, ff. 352-355. Il y avait dans les dépôts de la Commission des arts de Seine-et-Oise, Districts de Versailles, Etampes, Gonesse, Saint-Germain, Pontoise, Mantes, 104 bibliothèques donnant 60,825 cartes et 127,100 volumes. Les manuscrits de la Bibliothèque de l'Arsenal H. F., n° 860 quinque (n° nouv. 5381-5399), comprennent en 19 volumes in-folio les catalogues de toutes les bibliothèques réunies dans ces Dépôts.

(73) *Ibid.*, vol. IV. fol. 170.

le fonds commun où tous les établissements publics autorisés vinrent puiser les livres pour compléter leurs bibliothèques. Nous verrons bientôt tout ce qui en était sorti et
ce qui en sortit encore; mais elles restaient, même après
leur réunion et la réduction de leurs dépenses, une lourde
charge pour le Trésor national épuisé, puisque en l'an X
elles étaient encore portées aux comptes généraux du Trésor pour 62,760 fr. Les travaux de triage, de cartes, de
catalogues étaient désormais sans objet et l'on ne songeait
plus depuis longtemps à ces beaux projets bibliographiques dont la Révolution s'était bercée à ses débuts. On
prit donc à leur égard une résolution définitive et radicale,
Le décret de Milan du 12 prairial an XIII (1er juin 1805)
ordonna que le Dépôt littéraire des Cordeliers fût réuni au
ministère de l'intérieur, et l'arrêté ministériel du 7 thermidor suivant régla l'exécution de ce décret dans tous ses
détails. Le rez-de-chaussée et, au besoin, le premier étage
de l'hôtel Chabrillant dépendant du ministère furent destinés à les recevoir. L'organisation administrative du
Dépôt fut d'ailleurs maintenue, et son personnel conservé
provisoirement. Les bâtiments des Cordeliers furent assi-
gnés aux bureaux de la liquidation générale (74). L'opération du déménagement et du transport se fit lentement, de
février à la fin de décembre 1806, et dut être soldée,
d'après l'ordre exprès du Ministre, par la vente des 6,446
mètres de tablettes enlevées aux galeries des Cordeliers (75).

Dans ce nouvel asile qui ne fut pas le dernier, comme
nous allons le voir, le résidu des Dépôts littéraires fut encore soumis aux recherches et aux prélèvements des
divers établissements publics en quête de bibliothèques.
Il y resta, avec son administrateur, ses conservateurs,
deux employés et deux garçons de bibliothèque, jusqu'au
mois de mai 1811. A ce moment la résolution, prise depuis

(74) **Archives des Dépôts littéraires**, vol. II, ff. 210 et 218.
(75) *Ibid*, vol. IV, ff. 173, 177, 180, 188.

le 2 août 1810, d'en finir avec cette affaire fut exécutée, et
le 8 mai 1811 M. de Montalivet, Ministre de l'intérieur,
annonça au Conservateur de la Bibliothèque de l'Arsenal
que le Dépôt Chabrillant serait réuni à cette bibliothèque
à compter du 1ᵉʳ juin suivant. Cette dernière opération du
transport des livres se fit avec célérité. Dès le 20 mai elle
était en pleine activité, et le 6 juin tous les livres étaient
arrivés et déposés dans les salles basses de la galerie des
Célestins pendant que le Conservateur-administrateur, le
vieil Ameilhon, demandait des tablettes pour les classer (76).
Par une coïncidence singulière, en effet, Ameilhon, qui avait
joué un si grand rôle dans toute cette affaire des Dépôts
littéraires, qui en avait eu l'initiative en 1790, qui avait
organisé les trois Dépôts provisoires en 1791, comme commissaire de la Municipalité et du département de Paris,
qui avait administré durant plusieurs années le plus grand
des Dépôts définitifs et exercé sur tous, comme membre de
la Commission temporaire des arts, une surveillance
exclusive, Ameilhon se trouva là, octogénaire, pour recueillir et classer les derniers restes de cette réunion gigantesque de livres de toutes sortes, dont l'occasion ne s'était
pas présentée et ne se représentera probablement plus dans
le cours des siècles.

Le Dépôt Chabrillant, dernier débris de ces riches collections réunies par la Révolution, entra à la Bibliothèque
de l'Arsenal avec son personnel, ses archives et tous les
papiers, les cartes, les catalogues informes qui s'entas-
saient dans ses cartons depuis vingt ans. Il comptait alors
un administrateur à 4,000 fr. d'appointements, M. D'aigrefeuille, un conservateur à 3,600 fr., M. Van Thol, deux em-

(76) **Archives des Dépôts littéraires,** vol. II, ff. 225-237. Les Dépôts
furent poursuivis jusqu'après leur dernière transformation par les recherches et les prélèvements des bibliothèques spéciales. La Bibliothèque des Avocats se fit autoriser le 7 septembre 1811 à y prendre
des livres (*Ibid., ibid.,* fol. 238), qu'elle vendit au poids, en échange
à son libraire. (Dalloz, *Jurisprudence générale,* vᵒ *Bibliothèque,* sect. 3,
nᵒ 7.)

ployés bibliographes à 1,800 fr. et deux garçons de bibliothèque à 900 fr. En 1813, ce personnel d'anciens fonctionnaires des Dépôts figurait pour 12,900 fr. au budget de la Bibliothèque de l'Arsenal, quelques-uns entrèrent dans le cadre de ses employés. A la Restauration, les deux principaux, D'aigrefeuille et Van Thol, furent mis à la retraite avec 1,500 et 1,200 fr. d'indemnité annuelle, dont le dernier jouissait encore en 1823. Les **Archives des Dépôts littéraires** se composaient d'un grand nombre de cartons dont M. de Tréneuil ne retrouva plus que 13 en 1815, dont un plus grand nombre a été retrouvé depuis et qui comprenaient probablement, en outre, des collections considérables de cartes indicatives des livres des anciens dépôts, cartes rédigées par leurs employés ou venues toutes faites avec les livres des communautés religieuses. Ces treize cartons d'archives très en désordre et très incomplètes étaient restés dans le même état depuis 1815, et n'ont été classés que de notre temps dans le recueil qui nous a fourni une grande partie des matériaux de cette étude et qui fait naturellement partie des archives de la Bibliothèque de l'Arsenal. Les casiers et les cartons pleins de cartes qui ont beaucoup souffert de l'humidité dans les salles basses de la galerie des Célestins, où elles avaient été déposées en 1811, encombrent aujourd'hui les greniers de la Bibliothèque, et, sauf peut-être d'y puiser des collections de cartes à jouer anciennes, sur lesquelles les notices indicatives des livres étaient rédigées dans les dépôts, il serait difficile d'en tirer un parti sérieux et vraiment utile aujourd'hui.

Ce qui aurait pu sortir de cette réunion de tant de riches collections, et par quelles causes les espérances des savants membres des grandes commissions bibliographiques qui s'en occupèrent à l'origine furent si complètement déçues que leurs efforts ne purent pas même aboutir à la rédaction d'un catalogue, nous n'entreprendrons pas de le dire; mais nous dirons ce qui en sortit, et ce qui en sortit, moins satisfaisant peut-être pour les pures abstractions de la science bibliographique, le fut bien davantage

pour la gloire des sciences et des lettres, l'utilité pratique
des livres et le progrès des études appliquées aux développements de la civilisation. Il nous reste, en effet, à exposer
comment les Dépôts littéraires servirent à compléter les
grandes bibliothèques nationales et à fonder les bibliothèques encyclopédiques ou spéciales des établissements politiques, scientifiques, littéraires et des écoles civiles,
ecclésiastiques, militaires, industrielles, qui sortaient alors
du grand mouvement social produit, en France, par la
Révolution.

TROISIÈME PARTIE

DESTINATION ET RÉPARTITION DES LIVRES DES DÉPÔTS LITTÉRAIRES.

I

DESTINATION DES LIVRES DES DÉPÔTS LITTÉRAIRES.

Maintenant que nous avons fait connaître les origines, le but, l'organisation, les travaux, l'histoire proprement dite, en un mot, des Dépôts littéraires, il faut rechercher quels furent les résultats vraiment utiles de cette grande concentration de richesses bibliographiques de l'ancienne France, et en vertu de quelles résolutions souveraines elle prit une large part dans l'organisation scientifique de la France nouvelle et la fondation des nouveaux établissements d'instruction. Les Dépôts littéraires n'avaient jamais été que des établissements provisoires et, depuis 1790, l'imagination des savants et des administrateurs de l'instruction publique s'épuisait à chercher les meilleurs moyens d'en tirer parti dans l'intérêt des sciences et des lettres. En l'an V, le moment paraissait venu d'en disposer définitivement. On ne songeait plus guère alors à ces projets de « bibliographie universelle » et de « catalogue général » qui avaient été le rêve des Comités-réunis et du Comité des Quatre-Nations, en 1791; mais la

Municipalité et le Directoire du département de Paris, ainsi que les nouveaux Comités bibliographiques créés par les Assemblées nationales, recherchaient encore à l'envi en quel nombre et dans quelle situation seraient établies les bibliothèques à conserver ou à créer dans Paris (77). Pour les départements, la loi du 8 pluviôse an II avait décrété la création d'une bibliothèque publique dans tous les districts, et plus tard l'article 3 du décret du 7 pluviôse an III avait ordonné « l'établissement d'une bibliothèque publique auprès de chaque école centrale. » Ces prescriptions restaient cependant inexécutées. En l'an IV, l'abbé Grégoire, qui avait joué un rôle si actif dans toute cette affaire, porta la question devant le Corps législatif. Le 23 frimaire, il appela l'attention du Conseil des Cinq-Cents sur ce grand intérêt des livres : « 6,000,000 de volumes en province, dit-il, 1,600,000 à Paris se détériorent. Il s'agit de distribuer ces richesses. On a proposé une bibliothèque dans chaque chef-lieu de district ; c'eût été beaucoup. Il y a des districts où elles fussent restées désertes. On a demandé une bibliothèque pour chaque école centrale. C'est peut-être trop peu. Mais il faut enfin prendre un parti (78). »

Prendre un parti ! c'était là le plus difficile. Le Corps législatif y songea cependant, et après bien des hésitations il résolut, dans la loi du 1er jour complémentaire an IV (17 septembre 1796), d'en appeler à des lumières supérieures et incontestées, et chargea les classes réunies de l'Institut de prendre connaissance de l'état actuel des Dépôts littéraires de Paris et de Versailles et de présenter leurs vues sur la manière la plus avantageuse de disposer de leurs richesses (79). En attendant, la loi supprima les ventes et les échanges de livres dans les Dépôts.

L'Institut se réunit et nomma une Commission de neuf

<hr>

(77) **Archives des Dépôts littéraires,** vol. I, ff. 22-25 et suiv.
(78) *Moniteur* du 30 frimaire an IV, n° 90, p. 358.
(79) B. 77, n° 706, 11ᵉ série.

membres choisis parmi les bibliographes les plus compétents (80). Le Corps législatif et le Directoire lui avaient
soumis ces trois questions assez vagues : « 1° Quel est l'état
actuel des Dépôts littéraires établis dans le département
de la Seine et à Versailles? — 2° Quelle est la manière la
plus avantageuse de composer les bibliothèques nationales
des départements et de compléter les grandes bibliothèques
nationales de Paris au moyen des livres existant dans les
Dépôts? — 3° Quels sont les livres dont on peut se défaire
sans nuire à l'établissement des bibliothèques nationales? »
La Commission de l'Institut commença par exprimer le
regret que ces questions ne lui eussent pas été posées d'une
manière plus précise. Cependant elle délibéra, fit une enquête dans les Dépôts, et rédigea un rapport qui fut lu
par Langlès en séance générale dans la séance du 5 floréal
et déposé au Corps législatif le 8 floréal an V. Cet acte présente l'état actuel des Dépôts littéraires sous les rapports
les plus favorables et à peu près tel que nous l'avons
dépeint ci-dessus d'après les pièces et les statistiques que
la Commission de l'Institut avait sans doute pu consulter.
Quant aux deux autres questions posées par le Corps législatif, la réponse de l'Institut est un peu vague comme les
questions elles-mêmes. Elle ne dit ni quelles bibliothèques
nouvelles lui semblent devoir être créées, ni sur quelles
bases elles doivent être constituées; elle n'indique bien
clairement, dans son ensemble, qu'une pensée de conservation presque absolue, hors une seule classe, de tous les
livres contenus dans les Dépôts.

Le Rapport de l'Institut pose, cependant, quelques principes, sur lesquels il insiste avec énergie, en distinguant
les Dépôts de Paris de ceux des départements. Pour ces
derniers, il demande la conservation, sans exception, de
tous les livres qu'ils contiennent. Pour ceux de Paris et de

(80) Cette Commission fut composée de MM. Ameilhon, Bossut, Dacier, Jussieu, Langlès, Le Blond, Levesque, Naigeon et Ventenat; une
copie de son Rapport, lu par Langlès le 5 floréal, se trouve dans les
Archives des Dépôts littéraires, vol. 1, ff. 102 et s.

Versailles, il consent à faire une distinction entre les livres scientifiques et littéraires et ceux de jurisprudence et de théologie. Il conseille de garder les premiers et de ne laisser vendre, après un triage sévère, que les derniers dont les grandes bibliothèques nationales sont suffisamment pourvues et qui n'ont pas la même valeur et la même importance. Mais il n'accorde aucune exception, pour les Dépôts des autres départements même à l'égard des livres de jurisprudence et de théologie sacrifiés à Paris; il faut les garder tous, soit pour les bibliothèques qui seront fondées plus tard, soit pour remplacer les exemplaires qui viendraient à disparaître. Proscrire certaines classes de livres, même antipathiques à l'esprit du temps, lui paraît contraire aux vrais intérêts de la civilisation; livrer un trop grand nombre de livres à la circulation mercantile, c'est, à ses yeux, contraire à l'intérêt de la librairie française, déjà ruinée par la dispersion des anciennes bibliothèques, et c'est à regret que l'Institut tolère, même pour les classes de théologie et de jurisprudence, les ventes projetées de livres contenus dans les Dépôts de Paris.

Quant aux moyens d'exécution que l'Institut conseille, ils sont fort simples. Donner aux administrateurs de chacune des grandes bibliothèques nationales l'autorisation de prendre dans les Dépôts littéraires un exemplaire des livres qui leur manquent, un seul exemplaire, même quand il y a des éditions différentes; envoyer au Ministre de l'intérieur et aux Conservateurs des bibliothèques des départements les catalogues sommaires des livres des Dépôts de Paris, afin que le premier répartisse équitablement ces livres entre toutes les parties du territoire ou que les seconds revendiquent ceux qui leur sont nécessaires; ne vendre absolument que les livres de théologie et de jurisprudence de Paris, soit par échange avec la librairie étrangère, soit par vente aux enchères dans les Dépôts. Telles sont, en somme, les conclusions de ce Rapport, rempli, d'ailleurs, de vues saines et élevées.

Les conclusions de l'Institut ne furent guère adoptées

qu'avec réserve par le Corps législatif et furent très impar-
faitement respectées par le Directoire. Le Conseil des Cinq-
Cents vota d'urgence le 30 floréal, sur la proposition de
Camus, une résolution qui en consacrait les bases, mais
contre laquelle Marmontel présenta le 24 prairial suivant
au Conseil des Anciens un Rapport assez ambigu concluant
au rejet. Cette résolution, soutenue le 25 fructidor par
Creuzé-Latouche, fut cependant adoptée le lendemain et
devint la loi du 26 fructidor an V (27 septembre 1794) (81)
sur la destination des livres conservés dans les Dépôts littéraires. Cette loi, provisoire du reste comme toutes les
mesures précédentes, chargea le pouvoir exécutif de disposer des livres actuellement conservés dans les Dépôts
« conformément aux vues développées dans le Rapport
adopté par l'Institut national », mais en autorisant, cependant, contrairement aux vues de l'Institut les bibliothèques
des départements à recevoir plusieurs exemplaires d'éditions
différentes du même ouvrage (82) et en permettant la vente
des livres qui se trouvent dans les Dépôts des départements,
quand ils seront du genre de ceux dont l'Institut propose
la vente pour le département de la Seine. Le catalogue
sommaire, rédigé et publié pour ces derniers (art. 3),
devait servir de règle, et le Directoire exécutif est invité à
envoyer dans les quatre décades au Corps législatif l'ex-

(81) II° B, 145, n° 1424. Voir le *Moniteur* du 4 prairial an V, n° 244,
page 977, et le *Recueil des Lois* de Duvergier, tome X, p. 42. Voyez
aussi les procès-verbaux du Conseil des Anciens des 24 prairial, 25 et
26 fructidor an V, tome XXI, p. 327-330, et tome XXIV, pages 384,
385, 392. Des fragments importants du rapport de Marmontel du 24
prairial et de l'opinion de Creuzé-Latouche du 25 fructidor se trouvent
reproduits dans l'article de M. Rathery sur la Bibliothèque du Louvre,
publié dans le *Bulletin du Bibliophile* de juillet 1858, tome XXIII, pages
1022 et suiv.
(82) Cet article 2 de la loi de l'an V tranchait une question souvent
débattue avant et depuis cette époque, celle de l'utilité des Doubles
dans les bibliothèques publiques. Dès 1790, cette utilité était proclamée
dans les grandes commissions bibliographiques de cette époque qui
considéraient les doubles comme destinés à remplacer les livres perdus

posé des mesures prises pour la diminution du nombre et
des dépenses des Dépôts littéraires (art. 4) ainsi que l'état
des bibliothèques qui devront être conservées ou créées à
Paris et ailleurs (art. 5).

D'excellentes règles furent posées par le Ministre de l'intérieur, dans une lettre adressée le 12 nivôse an VI aux
Conservateurs des Dépôts, pour l'exécution du triage et du
catalogue sommaire dont l'Institut avait fait la condition
de toute opération de vente ou d'échange (83). Elles restrei-
gnaient le triage aux livres de théologie et demandaient
qu'ils fussent divisés en trois classes : les incunables mis à
part ; les bonnes éditions et les plus beaux exemplaires des
meilleurs auteurs destinés, au nombre de 12, à être gardés
pour les bibliothèques nationales ; les exemplaires moins
remarquables des mêmes livres gardés pour être vendus et
échangés sur catalogues sommaires ; les livres inférieurs
destinés aux ventes à l'encan. Le catalogue sommaire, qui
devait s'effectuer au Dépôt de Louis-la-Culture, ne devait
comprendre que la seconde classe et ne contenir aucun
article défectueux.

Tout cela était bien ; mais la difficulté était toujours d'obtenir la rédaction et la publication de ce catalogue sommaire, qui devait servir de règle aux opérations de vente
ou d'échange dans les départements. Nous avons vu tout
ce que l'on put obtenir, même pour le triage qui, suivant

ou détériorés par l'usage et à donner aux bibliothèques cette importance et cette ampleur qui convient aux établissements littéraires d'un
grand empire. Il y a une autre raison plus décisive, selon nous : l'utilité, le besoin, l'usage des livres varient selon les circonstances, *habent
sua fata*, selon les questions qui occupent tour à tour l'attention et
l'opinion publiques. Tout bibliothécaire attentif a pu observer que les
demandes de livres touchant une certaine matière sont rarement isolées
et que le même ouvrage est souvent demandé par plusieurs lecteurs
dans la même séance. Il faut donc des Doubles pour satisfaire à ces
demandes simultanées. Rarement, d'ailleurs, une grande bibliothèque
possède deux exemplaires parfaitement identiques ou doubles du même
ouvrage.

(83) **Archives des Dépôts littéraires**, vol. II, ff. 41 et suiv.

l'article 1er du Rapport de l'Institut et la circulaire ministérielle du 12 nivôse an VI, devait précéder la rédaction du
catalogue. Des difficultés matérielles considérables s'opposaient, d'ailleurs, à l'exécution de ces opérations. Les
quatre décades s'écoulèrent, le Directoire exécutif augmenta
puis réduisit le nombre des employés et les dépenses des
Dépôts littéraires, et nous ne voyons pas que le Corps
législatif ni l'Institut en aient entendu parler davantage.
On conserva, bien entendu, à Paris la grande Bibliothèque
Nationale, qui vit croître de plus en plus ses richesses et
ses privilèges. On conserva les Bibliothèques Mazarine et
de Sainte-Geneviève. On créa la Bibliothèque de l'Institut (84). On institua l'ancienne bibliothèque du marquis
de Paulmy et du comte d'Artois, « Bibliothèque nationale
et publique de l'Arsenal » (85). On autorisa les administrateurs de toutes ces bibliothèques à aller puiser dans les
Dépôts littéraires les livres nécessaires pour compléter
leurs collections. La même autorisation fut donnée à tous
les administrateurs des établissements publics où une
bibliothèque devait ou pouvait être fondée, en y mettant,
comme nous l'avons dit, cette seule réserve, imposée par

(84) La Bibliothèque de l'Académie française et celle de l'Académie
des inscriptions avaient été transportées au Dépôt des Capucins Saint-
Honoré. Archives des Dépôts littéraires, vol. I, fol. 120.

(85) Par un arrêté du Directoire du 9 floréal an V (28 avril 1797). —
La Bibliothèque de l'Arsenal avait été constituée, en l'an III, « Dépôt
national littéraire », sous l'administration de l'ancien libraire Saugrain,
ci-devant bibliothécaire du comte d'Artois, par un arrêté du Comité
d'instruction publique rendu sur la demande de la Commission temporaire des arts. Cette bibliothèque ne reçut, durant la crise révolutionnaire, aucune addition d'autres bibliothèques, ecclésiastiques ou d'émigrés, ce qui la garantit des revendications et des reprises quand la crise
fut passée. Elle fut d'abord donnée à l'Institut comme bibliothèque,
puis rendue publique à l'Arsenal sous la direction d'Ameilhon. Ameilhon, qui de gardien et administrateur des dépôts primitifs était devenu
conservateur du Dépôt de la Culture, quitta cet emploi ainsi que celui
de bibliothécaire de la Ville, dont il fit passer les livres à l'Institut,
pour aller chercher à l'Arsenal un repos qu'il avait bien mérité et qui
fut bien employé.

l'article 3 de l'arrêté du 1er thermidor an IX, et qui ne fut pas toujours observée, que « nul livre ne sera extrait d'un dépôt public pour faire partie d'une bibliothèque appartenant à un établissement public, qu'autant qu'il traitera de matières analogues à l'objet pour lequel l'établissement est institué. » Enfin, on permit aux directeurs des écoles centrales des départements de présenter les listes des livres nécessaires pour constituer ou compléter leurs bibliothèques. Il y eut, comme nous l'avons vu, un certain nombre d'échanges avec des particuliers ou des libraires pour des livres demandés par les bibliothécaires autorisés et qui ne se trouvaient pas dans les Dépôts. On fit quelques ventes partielles de livres de rebut et de papiers regardés comme inutiles, mais il n'y eut pas ou il y eut peu de ventes publiques régulières à l'encan, les conditions préalables imposées à ces ventes n'ayant pas été remplies.

Tels furent les résultats de cette grande consultation bibliographique demandée à la plus haute autorité littéraire de la République. Nous verrons bientôt quel compte il fut tenu des vues développées par son Rapport du 5 floréal dans la répartition accomplie, à partir de ce jour, des livres contenus dans les Dépôts littéraires de Paris entre les établissements qui prirent part à leur liquidation, et quelle foule de bibliothèques spéciales, politiques, civiles, militaires, scientifiques, littéraires, de toute nature, sortit bientôt, en essaims innombrables, de ces vastes entrepôts, qui parurent un moment inépuisables.

BIBLIOTHÈQUES PUBLIQUES DE PARIS.

On commença dans cette répartition des livres des Dépôts littéraires, conformément aux vues de l'Institut et au but constant des résolutions du Pouvoir, par aviser à compléter la grande Bibliothèque Nationale et à fournir aux autres bibliothèques publiques, conservées ou créées à Paris, les suppléments qui leur étaient nécessaires. La Bibliothèque des Quatre-Nations avait été respectée durant la crise; les ci-devant bibliothèques du comte d'Artois, réunies à l'Arsenal dans les appartements des anciens grands maîtres de l'artillerie, et l'ancienne bibliothèque de Sainte-Geneviève, saisies d'abord comme biens d'émigré et d'ancienne communauté ecclésiastique, avaient été considérées comme des Dépôts littéraires particuliers, sous les noms de Dépôt national littéraire de l'Arsenal et de Bibliothèque du Panthéon. Elles furent conservées dans leur intégrité et l'on songea à les enrichir des dépouilles des Dépôts littéraires. La Bibliothèque Nationale reçut la première et la plus belle part et plusieurs privilèges spéciaux lui furent d'ailleurs attribués : le premier choix et une sorte de droit de préemption sur toutes les autres; la possession exclusive des manuscrits retirés des dépôts de titres ou des cabinets des émigrés; la faculté d'acheter certains manuscrits à sa convenance, en donnant en échange, aux possesseurs, des livres tirés des Dépôts.

Le premier de ces privilèges lui fut attribué par deux arrêtés du Comité d'instruction publique rendus le 10 thermidor et le 30 fructidor an III, sur la proposition de la

Commission exécutive, et qui furent communiqués à tous les administrateurs des Dépôts littéraires. Le c. Van Praet, Conservateur de la Bibliothèque Nationale, était autorisé, par ces actes, à choisir et à se faire livrer, sur son récépissé, dans tous les Dépôts, les livres inscrits dans les catalogues joints à cette communication (86). Un autre arrêté antérieur, en date du 18 floréal, l'avait autorisé spécialement à retirer du Dépôt de la rue Saint-Marc l'ancienne bibliothèque des ducs d'Orléans, qui y avait été recueillie (87). La Bibliothèque Nationale usa largement de ces autorisations; on a dit qu'elle avait pris dans les Dépôts au moins trois cent mille volumes (88). Le nombre et l'étendue des listes comprises dans les volumes XIII et XIV du recueil des **Archives des Dépôts littéraires**, si souvent cité par nous, justifient assez cette assertion. Une seule de ces listes, une des dernières, suivie du reçu donné le 8 floréal an XI pour la Bibliothèque Impériale, par M. Capperonnier, comprend 44,195 volumes (89).

Le plus important peut-être des privilèges accordés à la Bibliothèque Nationale fut celui de prendre dans les Dépôts littéraires les manuscrits recueillis dans les maisons ecclésiastiques ou dans les bibliothèques d'émigrés. Ce privilège exclusif lui fut reconnu par l'article 12 du décret du 7 messidor an II, concernant l'organisation des archives (90). Cet article avait ordonné qu'on retirât « dans tous les dépôts de titres et dans les collections des cabi-

---

(86) **Archives des Dépôts littéraires**, vol. XIII, ff. 10-16.

(87) *Ibid., ibid.,* ff. 3 et 136.

(88) *Histoire de la Bibliothèque Mazarine,* par M. Franklin.

(89) **Archives des Dépôts littéraires**, vol. XIV, ff. 14-31. Toutes ces collections de livres choisis dans les Dépôts furent placées à part dans le second étage de la bibliothèque par séries de provenance comme elles l'avaient été dans les Dépôts, et constituèrent ce que M. Van Praet appela le « fonds du résidu ». Voyez *De la Bibliothèque royale,* par M. Paulin Paris, 1847, page 23.

(90) Voyez le *Moniteur* du 9 messidor an II et le *Recueil des Lois* de M. Duvergier, tome VII, page 203.

nets dont les livres avaient été confisqués, les *chartes* et *manuscrits* qui appartiennent à l'histoire, aux sciences et aux arts, et qui peuvent servir à l'instruction, pour être réunis et déposés : à Paris à la Bibliothèque Nationale et dans les départements à celle de chaque district. » En vertu de cet article, M. Van Praet se fit délivrer entre autres, par le Conservateur du Dépôt des Cordeliers, le 3 floréal an IV, les manuscrits provenant des couvents belges, et le 28 germinal an VI ceux qui provenaient de la bibliothèque de Gilbert des Voisins (91); par le Conservateur du Dépôt de Louis-la-Culture, les manuscrits de la Belgique, du collège de Navarre, de l'Oratoire, des Grands-Augustins, des Missions étrangères et autres, le 29 ventôse an V, et même plus tard en vertu d'une lettre ministérielle de frimaire an VII, par le bibliothécaire de l'Arsenal, les 31 volumes de la Byzantine (92). Ce privilège fut-il en effet exclusif et sortait-il nécessairement des termes de la loi du 7 messidor? On n'en jugea pas toujours ainsi, car le 10 ventôse an VII le Ministre de l'intérieur François de Neufchâteau autorisa le Conservateur de l'Arsenal à puiser dans le Dépôt de Louis-la-Culture une liste assez longue de manuscrits importants. Quoi qu'il en soit, ce privilège servit à constituer pour la Bibliothèque Nationale ce magnifique ensemble de manuscrits complété bientôt, malheureusement d'une manière moins durable, par l'envoi des manuscrits conquis à Rome et à Turin, que la réaction de 1815 lui enleva.

Le troisième privilège accordé à la Bibliothèque Nationale fut la faculté d'acheter à des particuliers des manuscrits précieux pour l'histoire ou les lettres, en donnant en échange des livres à prendre dans les Dépôts littéraires. C'est ainsi qu'elle acquit les 514 volumes in-folio et in-quarto des registres du Parlement de Paris, par une

(91) **Archives des Dépôts littéraires,** vol. XIII, ff. 106, 107, 112, 301.

(92) *Ibid.*, *ibid.*, ff. 159-227. Un relevé porte à 1,794 manuscrits le nombre de ceux qui furent remis. *Ibid.*, p. 347.

convention avec les libraires Pougens et Magimel, qui
reçurent en échange un nombre considérable de volumes
évalués d'après l'estimation de M. Van Praet à 5,372 fr.,
prix fixé par la convention (93). Plusieurs autres acquisitions importantes furent faites pour elle de la même manière, le 30 frimaire an VII, par exemple, pour les manuscrits d'Eusèbe Renaudot, et, le 25 pluviôse an VII, pour
un manuscrit de Lenain de Tillemont, qui fut échangé
contre une liste de 20 volumes remis à l'ex-bénédictin
D. Brial (94).

Ces privilèges de la Bibliothèque Nationale étaient garantis, dans le principe, par l'interdiction faite aux Conservateurs des Dépôts de délivrer les livres choisis pour les
bibliothèques des établissements spéciaux sans que leurs
catalogues soient suivis de l'attestation donnée par l'administrateur de la Bibliothèque Nationale, qu'aucun des
livres portés sur leurs listes ne manquait à ce dernier établissement. Ainsi, les catalogues des livres demandés pour
l'Ecole de médecine et pour l'Ecole polytechnique contiennent presque tous, avec ou sans réserve, cette mention (95),
qui constate un véritable droit de préemption en sa faveur.
Ce droit, que la saine raison et l'intérêt bien entendu de
la science et des lettres ne justifie peut-être pas toujours,

----

(93) **Archives des Dépôts littéraires**, vol. II, ff. 159, 173, XIII, fol. 390
et XIV, fol. 1.

(94) *Ibid.*, vol. XIII, ff. 360, 361, 363, 364 et 365-368. On prit quelquefois dans ces conventions de singuliers détours pour accomplir ces
opérations de vente ou d'échange. Ainsi, quand M. Regnault de Saint-
Jean d'Angely céda, en ventôse an II, au gouvernement, 22 volumes
manuscrits en échange d'un exemplaire complet des « *Mémoires de
l'Académie des sciences* », le Dépôt des Cordeliers ne put fournir un
exemplaire complet de ces Mémoires qu'en l'achetant lui-même chez un
libraire, qui reçut en échange du prix pour 1,500 fr. de livres d'après
l'estimation d'un expert, M. Labitte. Voir *ibid.*, vol. II, ff. 142-156.

(95) *Ibid.*, vol. XXVII, ff. 154 et suiv., — 277 et vol. XXIV, ff. 238 et
suiv. — Quelquefois les catalogues ainsi visés sont accompagnés d'une
contre-liste des articles réservés par les directeurs de la Bibliothèque
Nationale. *Ibid.*, vol. XXIV, fol. 265.

à notre sens, lui fut attribué de nouveau, sous le premier
Empire, par une note dictée autocratiquement en Conseil
d'État, le 27 août 1807 (96), et il a été confirmé de nos
jours, sous le second Empire, par un arrêté ministériel du
15 novembre 1860, rendu sur le rapport d'une Commission de savants et d'administrateurs (97), bien ou mal
inspirés.

Les trois grandes bibliothèques publiques conservées ou
créées à Paris par la Révolution : celles de l'Arsenal, du
Panthéon et des Quatre-Nations, reçurent également le
droit d'aller puiser dans les Dépôts littéraires le complément de leurs anciennes richesses, et elles en usèrent
comme la Bibliothèque Impériale, quoique dans des proportions plus restreintes. La Bibliothèque de l'Arsenal, la
plus importante par le nombre et l'importance de ses collections, quoique la plus nouvelle, avait été attribuée
d'abord à l'Institut par un arrêté du 1er messidor an IV
(19 juin 1796); un second arrêté en date du 9 floréal an V
(28 avril 1797) la proclama définitivement « Bibliothèque
nationale et publique ». Dans l'intervalle de ces deux résolutions, un premier choix avait été fait pour elle, par son
administrateur, dans les Dépôts littéraires. La collection
ainsi choisie fut réclamée par l'Institut et lui fut laissée à
tort, à notre sens, car elle avait été savamment préparée
pour l'Arsenal et pour combler ses lacunes et non pour
une bibliothèque qui n'existait pas encore. Forcé de rendre
ces livres, l'administrateur reçut le 3 fructidor an V l'autorisation de recommencer ses choix dans les divers Dépôts. Il y prit, en conséquence, par divers emprunts successifs des 18 et 24 frimaire, 6 pluviôse et 9 germinal an VI,
1er et 15 ventôse an VII, plus de 3,000 ouvrages ou environ
12,000 volumes, qui furent au moins doublés par de nouveaux prélèvements faits au Dépôt des Cordeliers et de

(96) Voyez cette note dans une brochure publiée par M. Ch. Du-
noyer en 1839 et en 1847 sur la *Bibliothèque du Roi*, page 35.

(97) *Moniteur universel* du 30 décembre 1860, n° 361.

Louis-la-Culture en l'an IX, les 17 nivôse, 5 et 7 germinal
et 14 prairial, et, dans celui des Cordeliers, les 2 fructidor
an X, 14, 26 vendémiaire, 24 brumaire, 9 messidor an XI.
Tous ces choix dirigés par Ameilhon, le principal organisateur des Dépôts, celui qui devait le mieux connaître
toutes leurs ressources, ajoutèrent aux 120,000 volumes
dont la Bibliothèque de l'Arsenal était composée au début
de la Révolution au moins 25 ou 30,000 volumes d'ouvrages excellents (98). La Bibliothèque de l'Arsenal reçut
en outre, en vertu de l'arrêté spécial du 9 ventôse an VI
(27 mars 1798), les papiers de la Bastille, dont le classement se poursuit et doit faire, quand il sera terminé et
relié, au moins 1,500 volumes (99). Elle reçut aussi, comme
nous l'avons vu, le résidu de tous les Dépôts par la réunion
du dépôt Chabrillant en 1811. Elle s'accrut de plus, en
1810, des restes de la bibliothèque du Tribunat; en 1812,
des doubles de l'École polytechnique; en 1831, du fonds
Grégoire; et plus tard, en 1875, des épaves laissées après
les incendies de la Commune, en mai 1871, dans les palais
du Louvre, de Meudon et de Saint-Cloud, environ 15,000 volumes. Elle s'accroît enfin tous les ans encore d'une part
importante du dépôt légal du ministère de l'instruction
publique, ce qui a porté progressivement à 250,000 volumes
au moins le chiffre actuel de ses collections.

(98) Toutes les listes de ces livres pris dans les Dépôts littéraires
pour la Bibliothèque de l'Arsenal remplissent le vol. XIII in-fol. des
Archives des Dépôts littéraires et le registre de Saugrain inscrit au
n° 861 ter H.-F. des manuscrits de la Bibliothèque. Les livres sont
rangés dans ces listes avec l'indication des bibliothèques particulières
dans lesquelles ils avaient été classés dans les Dépôts selon leur
provenance.

(99) Commencé en 1791 aux frais de la commune de Paris par le
citoyen Levesque (*Compte rendu à la Municipalité de Paris*, 8 mars-
25 août 1792, page 11), ce classement fut continué officieusement sous
la Restauration par M. de Montmerqué et il a été repris officiellement,
depuis le 30 octobre 1841, par M. F. Ravaisson, l'un des Conservateurs
actuels de la Bibliothèque, qui en a déjà tiré dix volumes publiés
d'extraits de pièces très intéressantes pour l'histoire de l'ancienne
monarchie.

La Bibliothèque du Panthéon, qui reprit plus tard et a gardé son nom de Bibliothèque Sainte-Geneviève, et la Bibliothèque des Quatre-Nations, redevenue la Bibliothèque Mazarine, profitèrent également de l'autorisation de se compléter aux dépens des collections renfermées dans les Dépôts. La première de ces bibliothèques y prit une part plus restreinte. Les **Archives des Dépôts littéraires** ne contiennent (tome XIV) que douze listes assez peu développées de livres choisis par ses administrateurs, du 24 brumaire an IV au 20 nivôse an XI, dont quatre seulement contiennent un assez grand nombre d'articles ; mais elle trouva bientôt une compensation dans ceux qui lui furent envoyés de Rome après les premières campagnes d'Italie en 1798. L'assassinat du général Duphot, la prise de Rome, en représailles, avaient produit, comme on sait, l'établissement de la République romaine que Daunou, administrateur de la Bibliothèque du Panthéon, avait été chargé d'organiser. Les événements militaires qui suivirent amenèrent bientôt la confiscation des Etats du pape et leur réunion au territoire français. La Bibliothèque Vaticane fut saisie avec tout le reste et destinée à être vendue ; mais Daunou, déjà chargé de revendiquer l'exécution des articles de l'armistice de Bologne et du traité de Tolentino sur la cession des manuscrits, reçut de plus, à la tête de la seconde Commission romaine, la mission de faire, pour la Bibliothèque Nationale et pour celles de l'École polytechnique et du Panthéon, un choix des livres les plus précieux et surtout des livres imprimés en Italie au xve siècle, dont la bibliothèque papale contenait une collection merveilleuse. Daunou remplit rigoureusement son mandat et la Bibliothèque du Panthéon s'enrichit de plusieurs caisses des belles productions typographiques italiennes que les reprises de 1815 ont oubliées et qui sont encore au nombre de ses chefs-d'œuvre (100).

(100) Voyez la notice de M. Taillandier sur Daunou et le petit écrit de M. Ch. Raimet sur le *Breviarium romanum* de Sainte-Geneviève,

La Bibliothèque des Quatre-Nations profita plus encore que celle du Panthéon de l'autorisation de puiser dans les Dépôts littéraires le complément de ses collections anciennes. Elle était plus près du centre vers lequel convergeaient alors toutes les aspirations littéraires, l'Institut. Elle avait, comme la Bibliothèque de l'Arsenal, pour administrateur (l'abbé Le Blond), l'un des membres, dès l'origine, de toutes les grandes Commissions qui, depuis l'Assemblée constituante, avaient dirigé la révolution qui s'accomplissait dans la distribution des anciennes richesses bibliographiques du pays. Comme membre du Conseil de conservation des arts sous le Directoire, l'abbé Le Blond avait hérité, avec Barbier, de l'influence et de l'autorité de ces Comités des Quatre-Nations, des monuments, et de la Commission temporaire des arts, auxquels ce Conseil avait succédé. Il connaissait toutes les ressources des Dépôts pour avoir été chargé pendant cinq ans d'en diriger le triage. Il pouvait choisir et il choisit bien. On a dit qu'il accrut de 50,000 le chiffre des volumes de la Bibliothèque Mazarine (101). Ce nombre ne paraît pas très exagéré si l'on consulte les listes dont l'octroi lui fut accordé du 24 fructidor an IV au 6 brumaire an IX et qui se trouvent au nombre de vingt-huit, dont quelques-unes considérables, dans le tome XVI du recueil des **Archives des Dépôts littéraires** de l'Arsenal. La plupart de ces livres furent choisis dans le riche Dépôt des Cordeliers. L'abbé Le Blond ne se borna pas à recueillir dans les Dépôts littéraires des

pages 45 et 49. — Schœll (*Histoire des Traités*, tome XI, p. 454) raconte à cet égard un incident curieux des revendications de 1815. Quand les agents du pape réclamèrent les manuscrits du Vatican, ils rencontrèrent une tierce opposition des députés de l'Université de Heidelberg, qui en réclamaient la plus grande partie comme ayant été enlevée en 1622 de sa propre bibliothèque et donnée au pape Grégoire XV par Maximilien de Bavière. Les gens du pape se trouvèrent arrêtés par leurs propres principes ; ils lui en référèrent. Le pape s'exécuta largement et rendit même 847 manuscrits allemands qui étaient restés au Vatican.

(101) M. A. Franklin, *Histoire de la Bibliothèque Mazarine*, pages 144-150.

livres pour sa bibliothèque, il lui fut permis en même temps de prendre dans le Dépôt des Petits-Augustins, devenu le « Musée des monuments français », les bustes et les objets d'art qui complètent aujourd'hui si heureusement la décoration de cet établissement.

BIBLIOTHÈQUES SPÉCIALES.

Toutes ces richesses, puisées dans les Dépôts littéraires pour compléter, conformément aux lois de l'an IV et de l'an V, la grande Bibliothèque Nationale et les autres bibliothèques publiques de Paris, ne furent, cependant, qu'une part relativement très restreinte des trésors littéraires qui sortirent de leurs galeries. Ces établissements servirent, en outre, à doter, à Paris et dans les départements, une foule de bibliothèques publiques ou spéciales qui se sont développées depuis, mais dont ils ont fourni les fondements. Ces bibliothèques se rattachent à toutes les classes de collections bibliographiques, encyclopédiques ou spéciales, et peuvent être comprises dans les huit groupes suivants, à chacun desquels les Dépôts littéraires offrirent des ressources immenses que nous exposerons succinctement.

1. — Les BIBLIOTHÈQUES POLITIQUES : celles des Comités sous la Convention, du Directoire, du Corps législatif, du Sénat, des Consuls, du Tribunat et du Conseil d'État, sous les régimes postérieurs.

2. — Les BIBLIOTHÈQUES ADMINISTRATIVES des différents ministères et des principales institutions administratives qui s'y rattachent : comme le Tribunal (la Cour) de cassation, au ministère de la justice ; la Cour des comptes, à celui des finances ; les Légations, aux affaires étrangères ; le Dépôt de la guerre et le Dépôt des cartes, à la marine et à la guerre.

3. — Les BIBLIOTHÈQUES MILITAIRES, celles notamment

du Dépôt central de l'artillerie, des Écoles du génie, de
Saint-Cyr, de Fontainebleau, de Châlons, des Pages, des
Invalides et des Hospices militaires.

4. — Les BIBLIOTHÈQUES LITTÉRAIRES ET DES BEAUX-
ARTS, c'est-à-dire de l'Institut, de l'Imprimerie impériale,
du Collège de France, du Musée du Louvre, du Musée
des monuments, de la Manufacture de Sèvres, des Écoles
de Rome, de dessin, de peinture, du Conservatoire de musique.

5. — Les BIBLIOTHÈQUES SCOLAIRES ou, si l'on veut, uni-
versitaires. Celles des Écoles centrales des départements,
de l'École des boursiers, du Prytanée; les écoles spéciales
des Sourds-Muets et autres.

6. — Les BIBLIOTHÈQUES SCIENTIFIQUES du Muséum
d'histoire naturelle, de l'École centrale des travaux publics, de l'École polytechnique, du Bureau des longitudes,
du Conservatoire des Arts-et-Métiers, de l'Agence et du
Conseil des mines, de l'École des ponts et chaussées, des
Écoles de médecine de Paris, Montpellier et Strasbourg,
des Quinze-Vingts, des Écoles vétérinaires de Lyon et
d'Alfort.

7. — Les BIBLIOTHÈQUES ECCLÉSIASTIQUES, venues les
dernières, après la réaction religieuse du Concordat :
celles des évêchés, des cures, des séminaires, des missions
étrangères, des communautés protestantes.

8. — Enfin, les BIBLIOTHÈQUES PRIVÉES données, par les
pouvoirs du temps, à titre de récompense nationale, de concours à des travaux d'intérêt public, d'encouragement,
enfin, à des célébrités scientifiques ou littéraires.

Nous donnerons un aperçu sommaire de ce qui sortit des
Dépôts littéraires pour ces différentes classes de bibliothèques, quoique un certain nombre et malheureusement
les principales d'entre elles aient disparu sous la main des
incendiaires du 24 mai 1871, notamment les Bibliothèques
de la ville de Paris, du Louvre, des Finances, de la Police,
de la Cour de cassation, du Conseil d'État, des Avocats et
les petites bibliothèques spéciales des diverses adminis-

trations établies dans les monuments incendiés. L'histoire des Dépôts implique la connaissance de tout ce qui en sortit, comme de tout ce qui y entra, sans tenir compte des événements ultérieurs, quelque déplorables qu'ils soient. Nous signalerons en même temps les masses innombrables de volumes qui furent employés à des échanges ou sacrifiés aux besoins de l'artillerie, ou de l'industrie, tout devant être compté dans cette immense liquidation.

I. — Les Bibliothèques politiques. — Sous la Convention, les différents Comités de l'Assemblée firent prendre dans les Dépôts les livres nécessaires à leurs travaux. Nous ne trouvons dans le recueil où nous puisons ces détails qu'un petit nombre de pièces sur les bibliothèques de ces Comités qui furent, dans tous les cas, très restreintes. Le fameux Comité de salut public avait, paraît-il, très peu de livres. Un exemplaire des œuvres de Mably, l'Encyclopédie et le Dictionnaire de Lamartinière; deux exemplaires des œuvres de Jean-Jacques Rousseau en 15 et 24 volumes; une liste de vingt ouvrages différents sur la géographie et la statistique de la France, tels sont les livres qu'il reçut des Dépôts les 18 pluviôse, 17 ventôse et 29 floréal an II (102), et cela donne une idée assez triste de la science politique de ces durs maîtres des destinées de la France à

(102) **Archives des dépôts littéraires**, vol. XVII, ff. 1-11. Voici la forme dans laquelle avait été faite la première de ces acquisitions : « 18 pluviôse, 2ᵉ année. — Ameilhon est chargé de fournir un exemplaire complet et relié des *Œuvres de Mably*, pris dans une bibliothèque d'émigré au Comité de salut public. — *Signé :* CARNOT, PRIEUR. »

Prieur racontait à ses amis une anecdote qui se rattache sans doute à cet exemplaire de Mably et lui attribuerait l'initiative d'un des incidents les plus curieux de la Révolution française de la fin du dernier siècle. On discutait dans le Comité la question des idées religieuses, et l'on citait un passage de Mably dans lequel l'auteur du *Droit public de l'Europe* déclarait que leur influence était la meilleure base des États. Saint-Just survint au milieu de la discussion, parut frappé des observations de Mably et emporta le volume. « Quelque temps après, ajoutait Prieur, nous eûmes les fêtes de l'Être suprême. »

cette époque. Le Comité de législature avait pris aux Dépôts les 9 et 25 mars 1792 une liste, assez courte aussi, de livres provenant de la bibliothèque des Avocats (103). Le Comité d'instruction publique, pour lui et pour les bureaux de la bibliographie, avait usé plus largement de ces ressources et prélevé plusieurs listes assez longues, à diverses dates, du 1ᵉʳ messidor an II au 12 brumaire an VI (104).

Sous les régimes suivants, les Dépôts littéraires s'étaient développés, et l'on pensa bientôt à tirer parti de leurs richesses. Le Directoire d'abord, plus tard, les différentes branches du gouvernement consulaire songèrent à y puiser des bibliothèques à leur usage. Cela se fit avec de grands développements et par l'entremise des savants bibliographes membres du Conseil de conservation pour la plupart : MM. Barbier et Le Blond, pour la bibliothèque du Directoire, pour celle du Conseil d'État et pour les bibliothèques particulières des Consuls. Celle du Corps législatif fut composée par Camus, son bibliothécaire. On fit le 12 frimaire an VIII une bibliothèque spéciale pour le consul Sieyès (105). La composition de la bibliothèque du premier Consul, commencée par Barbier et complétée plus tard par Ripault, bibliothécaire de l'Empereur, présenta quelques incidents remarquables. Elle fut prise pour plus de moitié, le 2 prairial an X, parmi les livres saisis en l'an IX chez le Conservateur du Dépôt des Cordeliers, Dambreville, et réintégrée, comme nous l'avons vu ci-dessus, dans une salle particulière du Dépôt par les ordres du Ministre de l'intérieur Chaptal. La liste des livres pris à cette source occupe 62 pages grand in-folio. Le reste fut, en grande partie, acheté à des libraires, qui reçurent en payement des livres pris dans les Dépôts. Le libraire Magimel,

(103) **Archives des Dépôts littéraires,** vol. XVII, ff. 294-297.

(104) *Ibid.*, vol. XIX, ff. 1-55.

(105) Voyez le vol. XVII du même recueil, ff. 35 et suiv. pour le Directoire ; 12 à 35 pour le Conseil d'Etat ; 294 à 476 pour le Corps législatif. La Bibliothèque des Consuls occupe les feuillets 181 à 211. Celle du premier Consul, ff. 212 à 284, celle du consul Sieyès, 289 à 293.

par exemple, reçut pour sa part, en échange d'une collection de pièces rares sur l'histoire de France, une quantité considérable de quintaux de livres de théologie et de jurisprudence, dits de rebut, dépareillés et incomplets, estimés au poids, selon les formats, par les experts Lamy et Van Praet, à 4,628 fr. (106).

Quand il s'agit, en l'an VIII, de composer la Bibliothèque du Tribunat, on avait d'abord pensé qu'il serait fait entre elle et celle du Corps législatif un partage des livres qui composaient celles des deux Conseils établis alors aux Tuileries. On résolut bientôt, sur la demande qu'en firent les inspecteurs du Tribunat le 9 germinal an VIII, d'en former une entièrement nouvelle. Les bibliothécaires du Tribunat, MM. Simon et Malherbe, furent donc autorisés à en rechercher les éléments dans les Dépôts sur un récépissé signé du président du Tribunat et des membres de sa Commission administrative. Ils y prirent, en effet, sans compter, de l'an VIII à l'an XII, des listes considérables de livres formant un ensemble de près de 800 pages in-folio et in-quarto de grand format, les 24 thermidor et 21 fructidor an VIII ; 28 vendémiaire an IX ; 13 brumaire an XI et 13 frimaire an XII ; plus quelques autres listes secondaires. Mais la Commission des inspecteurs avait arrêté le 26 fructidor an X qu'elle restituerait les livres doubles ou incomplets aux Dépôts d'où ils auraient été tirés et, en effet, elle renvoya le 24 vendémiaire an XI un nombre assez considérable d'ouvrages qui se trouvaient dans ces conditions (107). La Bibliothèque du Tribunat n'eut qu'une durée éphémère. A peine formée, elle fut partagée entre plusieurs bibliothèques officielles. Le Tribunal de 1ʳᵉ instance de la Seine en reçut, en février 1804, une petite partie. La Cour des comptes, l'Archevêché de Paris

(106) **Archives des Dépôts littéraires,** vol. XVII, ff. 284-286, et vol. II, ff. 175-177. Il résulte de ces pièces que les livres furent donnés aux libraires à 11 et 18 fr. le quintal ; d'après la seconde, les livres au poids furent estimés de 15 à 20 fr. selon le format.

(107) *Ibid.*, vol. XVIII, ff. 414-425.

en recueillirent la plus belle part et la Bibliothèque de l'Arsenal en ramassa les résidus, qui lui furent attribués par un ordre ministériel du 18 septembre 1810 (108).

II. — Nous appelons BIBLIOTHÈQUES ADMINISTRATIVES celles qui furent attachées aux divers ministères et aux grandes institutions qui les complètent. Le nombre et les attributions des ministères ont toujours été, comme de nos jours, fort variables dans notre pays et leurs bibliothèques ont souvent changé de titre comme de maître. Au nombre de cinq, sous l'ancien régime, de six, sous l'empire du décret organique du 27 avril 1791, de douze Commissions exécutives, en vertu du décret du 12 germinal an II, de six aux termes de la nouvelle loi organique du 10 vendémiaire an IV; d'une mobilité infinie depuis cette époque, les départements ministériels eurent toujours besoin d'une bibliothèque pour le service de leurs bureaux. Ils avaient naturellement hérité en l'an IV de celles qui avaient été établies soit sous l'ancien régime, soit par les Comités de la Convention. Les Dépôts littéraires leur permirent de les compléter. Le Ministre de l'intérieur, dans les attributions duquel les Dépôts étaient entrés après la dissolution du Comité d'instruction publique et de la Commission temporaire des arts, leur en ouvrit les sources, et ils y puisèrent en maîtres. Les listes des ouvrages qu'ils en tirèrent, depuis l'an IV jusqu'à leur dissolution en l'an XIII et jusqu'à leur réunion à la Bibliothèque de l'Arsenal en 1811, sont nombreuses et occupent deux volumes in-folio du recueil des **Archives des Dépôts littéraires** (109), dans lesquels le ministère de l'intérieur à lui seul tient une bonne part.

Au nombre des grandes institutions qui se rattachent

---

(108) Voir toutes les pièces relatives à la Bibliothèque du Tribunat dans le vol. XVIII du recueil des **Archives des Dépôts littéraires.**

(109) Les vol. XIX et XX, ainsi divisés : vol. I, Instruction publique, ff. 1-106; Justice, 107-111; Police, 112 s.; Cultes, 123 s.; Relations extérieures, 22, 23, 177 s.; Commerce, 288; Finances, 298, s. ; — vol. II : Guerre, 1-111 ; Marine, 102-202 ; Intérieur, 203-410.

aux départements ministériels et qui trouvèrent, dans les Dépôts, les matériaux de bibliothèques importantes, nous citerons particulièrement le Tribunal, aujourd'hui la Cour de cassation, pour le ministère de la justice; les Légations, pour celui des affaires étrangères; la Cour des comptes, pour le ministère des finances. Le Tribunal de cassation fondé par le décret du 27 novembre 1790, et développé par les diverses Constitutions qui se succédèrent jusqu'à l'ordonnance du 15 février 1815, qui l'organisa de nouveau, et au règlement général de son service du 15 janvier 1826, trouva dans les Dépôts les bases de sa riche bibliothèque (110); il hérita d'abord de la plus grande partie de l'ancienne bibliothèque des Avocats attribuée par un décret du 12 juillet 1793, dans l'origine, au Comité de législature, qui n'en avait pris qu'une faible partie, et dont l'ensemble avait été transporté au Dépôt de Louis-la-Culture. Un arrêté directorial du 12 pluviôse an V en ordonna le transfert du Dépôt de la Culture au Palais de Justice pour être placée dans les salles du Tribunal de cassation, sous la garde des membres de ce tribunal délégués par lui (art. 2), pour être ouverte à ses membres et à ceux des autres tribunaux de la Seine (art. 3). Le 5 vendémiaire an VI le Tribunal de cassation autorisa ses commissaires à recevoir les livres, et la remise en eut lieu le 29 brumaire an VI (111). Elle comprenait encore, d'après

(110) **Archives des Dépôts littéraires,** vol. XXI in-4° tout entier. Cette bibliothèque fut brûlée comme tant d'autres le 24 mai 1871.

(111) Si l'on en jugeait par les assertions souvent contradictoires des bibliographes qui ont écrit l'histoire des bibliothèques, le sort de la bibliothèque des Avocats durant la Révolution serait bien incertain. Les pièces citées ci-dessus lèvent tous les doutes. Elle était bien au Dépôt de Louis-la-Culture et fut remise le 29 brumaire an VI aux commissaires de la Cour de cassation qui l'a gardée depuis, l'ordre des avocats ne l'ayant pas revendiquée, quoiqu'il y ait pensé souvent. (Voyez *Dalloz, Jurisprudence générale,* v° *Bibliothèque,* n° 67.) Cette compagnie obtint, il est vrai, le 7 septembre 1811, le droit de choisir dans le Dépôt Chabrillant, transporté à l'Arsenal, les livres qui conviendraient à la bibliothèque qu'elle se proposait de former, livres qu'elle

les termes du reçu donné au Conservateur du Dépôt,
8,913 volumes, dont 3,019 in-folio, 2,082 in-quarto et
3,022 in-octavo, plus les cartes indicatives et les catalogues et trente-deux tableaux ou portraits de jurisconsultes.
Mais les Dépôts fournirent encore d'autres acquisitions à
la bibliothèque du Tribunal de cassation. Cinq listes étendues, dont les catalogues forment un volume dans la collection des pièces des Dépôts, en furent tirées par son bibliothécaire, Le Breton, les 25 fructidor an VIII, 7 germinal an IX, 18 frimaire et 23 messidor an X et 28 vendémiaire an XI. Cette bibliothèque comptait plus de
40,000 volumes quand elle fut anéantie en mai 1871.

Comme annexe aux bibliothèques puisées dans les Dépôts pour le ministère des relations extérieures, on peut
compter les livres qui y furent pris pour la légation de
Constantinople et pour l'Égypte. La liste des premiers fut
autorisée le 1er germinal an IV et prise dans le Dépôt de la
rue de Lille (112). Les catalogues des seconds, bien plus
nombreux, furent renvoyés par le Ministre aux Conservateurs des Dépôts le 8 pluviôse an IX. Mais ces listes demandaient, en partie, des livres qui ne pouvaient se trouver dans les Dépôts par la bonne raison qu'ils n'avaient
été publiés que depuis la Révolution et cela devint une
assez grosse affaire. Une partie fut cependant trouvée dans
les Dépôts, l'autre fut échangée commercialement pour
des livres pris dans les Dépôts. Une troisième partie fut
achetée et payée avec des livres des Dépôts vendus au
poids. Et la Bibliothèque du Caire, notamment, fut ainsi
constituée (113).

revendit au poids en grande partie à un libraire. Ce fut un faible dédommagement pour sa bibliothèque nouvelle qui en avait trouvé de plus
solides, mais qui, comme la Cour de cassation, l'a si malheureusement
perdue de nos jours par la main des incendiaires de la Commune.

(112) **Archives des Dépôts littéraires**, vol. XIX, ff. 175-177.

(113) *Ibid.*, vol, XXIII, ff. 376-409. La nouvelle Bibliothèque du
Caire conserve encore sans doute une partie de ces livres tirés pour
elle des Dépôts littéraires.

Au ministère des finances se rattachèrent plusieurs grandes institutions publiques qui prirent part aux distributions des livres des Dépôts, les Archives domaniales notamment, le Domaine extraordinaire, qui en reçut, entre autres choix, le 22 septembre 1810, 2,000 volumes et deux rouleaux de cartes géographiques provenant de la bibliothèque du Tribunat, et enfin la Cour des comptes. Au nom de cette Cour, M. Barbé-Marbois en tira le 15 septembre 1810 une collection assez importante (114).

III. — Nous nous bornerons à énumérer les principales BIBLIOTHÈQUES MILITAIRES qui furent prises dans les Dépôts dont le tome XXIV du recueil de leurs archives contient l'énumération et les catalogues, ainsi que les dates des emprunts faits pour ces établissements. On y puisa : 1° pour le Dépôt central et le Comité d'artillerie; 2° pour celui des fortifications; 3° pour le Corps du génie et 4° pour l'École du génie de Metz; 5° pour l'École de Saint-Cyr; 6° pour celles de Fontainebleau; 7° de Châlons; 8° de La Fère; 9° pour la légion d'élite; 10° pour l'Hospice militaire d'instruction; 11° pour le Service de santé des armées; 12° pour les Invalides et, enfin, 13° pour l'École des Pages et 14° pour celle des Aérostiers. La constitution de ces quatorze bibliothèques, dont quelques-unes furent assez considérables, ne présente aucun incident remarquable dans l'histoire des Dépôts (115).

IV. — BIBLIOTHÈQUES LITTÉRAIRES. — Les anciennes bibliothèques de l'Académie des inscriptions et de l'Académie française avaient été confisquées sous la Révolution, comme celles de toutes les corporations civiles et

---

(114) **Archives des Dépôts littéraires,** vol. XIX, ff. 298 et suiv., et notamment pour la Cour des comptes les ff. 346-377.

(115) Voyez les listes de ces 14 collections dans le vol. XXIV des **Archives des Dépôts littéraires,** dont il faut retrancher celles relatives à la bibliothèque de l'Ecole polytechnique portée ailleurs, et la Bibliothèque des Pages, vol. XXVI, ff. 164-169.

religieuses. L'Institut, lors de sa première organisation
par la loi du 3 brumaire an IV, eut naturellement besoin d'une bibliothèque, et, quand le moment fut venu de
disposer définitivement des livres des Dépôts, un arrêté
directorial du 13 messidor an IV lui attribua tout entier le
Dépôt national de l'Arsenal, plus le droit de le compléter
par des emprunts aux autres Dépôts provisoirement conservés. L'embarras de transporter et de placer à l'Institut
cette riche conquête, la convenance évidente de conserver
la Bibliothèque de l'Arsenal, restée intacte, parmi les bibliothèques publiques que l'on songeait à créer, d'autres
considérations moins hautes, firent renoncer à cette résolution. L'Institut reçut en échange la bibliothèque de la
ville de Paris, dont le bibliothécaire Ameilhon devint conservateur de la Bibliothèque publique de l'Arsenal. Les
choix faits primitivement dans les Dépôts pour compléter
celle-ci, les 2 frimaire et 3 nivôse an V, furent attribués à
l'Institut, comme nous l'avons vu, et s'accrurent encore de
nouveaux emprunts choisis en l'an V, en l'an VI et en
l'an VII par ses nouveaux bibliothécaires, Dufourny et
Lassus (116). Dans sa demi-publicité elle compte aujour-
d'hui parmi les bibliothèques les plus importantes de la
République.

Les autres bibliothèques littéraires de Paris ne firent
dans les Dépôts que des emprunts sans importance réelle.
Le Collège de France n'y prit guère, du moins d'après les
pièces qui sont sous nos yeux, qu'une douzaine d'exemplaires de la bible polyglotte de Le Jay et de la bible hébraïque (7-18 thermidor an IX) (117). L'Imprimerie Nationale en retira, les 17 frimaire et 9 messidor an VII, une
liste d'ouvrages un peu plus longue (118) et, de plus, elle
acquit le 30 brumaire an VIII, au moyen d'un échange
avec Langlès, qui reçut en payement des livres choisis dans

(116) **Archives des Dépôts littéraires,** vol. XXVI, ff. 1-57.
(117) *Ibid.,* ff. 59, 60.
(118) *Ibid.,* ff. 268-271 bis et vol. XIII, ff. 376-380.

les Dépôts, une importante collection de poinçons et caractères tatars-mantchoux (119).

Les établissements relatifs aux beaux-arts firent également leur choix dans les Dépôts littéraires. Un arrêté du Comité d'instruction publique du 3 brumaire an IV chargea le Conservateur du Musée des Arts et celui du Louvre de retirer des Dépôts les objets d'art nécessaires au complément du Musée (120), et nous trouvons parmi ces choix, à la date du 3 brumaire an IV, 200 volumes et grand atlas d'estampes et dessins venus de Cologne, et, à la date du 18 prairial an XII, 500 volumes choisis par M. Denon (121). L'École de peinture de Paris ne paraît avoir pris dans les Dépôts que des échelles (30 frimaire an VIII) (122); mais l'École de Rome, représentée par Suvée, son directeur, en retira une liste d'ouvrages assez longue le 5 nivôse an VII (123), ainsi que la Manufacture de Sèvres le 25 ventôse an V (124). Le Musée des monuments y prit les 29 floréal an IV et 7 floréal an VI plusieurs objets d'art et notamment un beau groupe en marbre blanc (125). Le Conservatoire de musique en reçut les 25 ventôse an V et 17 juillet 1809 d'assez longues listes de livres spéciaux, et notamment de pièces de musique (126).

V. — Au premier rang des bibliothèques que nous appelons Bibliothèques scolaires il faut placer, à cause de leur importance, de leur nombre et de leur destination ultérieure, les bibliothèques des Écoles centrales. C'est à l'instruction publique surtout que furent consacrés, dès le principe, dans la pensée des pouvoirs et des commissions bibliographiques qui les organisèrent, les livres réunis

---

(119) **Archives des Dépôts littéraires**, vol. II, ff. 58-60.
(120) *Ibid.*, vol. XXVI, fol. 62 bis.
(121) *Ibid., ibid.*, ff. 61 bis, 62, 68.
(122) *Ibid., ibid.*, ff. 78-80.
(123) *Ibid., ibid.*, ff. 81-84.
(124) *Ibid., ibid.*, ff. 99-104.
(125) *Ibid., ibid.*, ff. 105-109.
(126) *Ibid., ibid.*, ff. 85-98, 340-342.

dans les grands Dépôts de Paris. Le principe de la loi du 18 pluviôse an II, qui avait ordonné la création d'une bibliothèque publique dans tous les districts, fut bientôt abandonné; mais celui des décrets des 7 ventôse an III et 3 brumaire an IV relatifs aux Écoles centrales, qui exigèrent la création d'une bibliothèque publique auprès de chacune de ces écoles, reçut, après la loi du 26 fructidor an V sur la destination des livres conservés dans les Dépôts littéraires, une pleine exécution. Les bibliothèques des Écoles centrales héritèrent d'abord des collections déjà préparées pour celles de district et tirées, pour la plus grande part, des dépôts primitifs des départements. Elles puisèrent ensuite dans les Dépôts de Paris, comme on va le voir. Nous attachons à ce rapide exposé une importance particulière; car l'arrêté du 8 pluviôse an XI (28 janvier 1803), rendu après la suppression des Écoles centrales par l'article 22 de la loi du 11 floréal an X sur l'instruction publique, ayant mis à la disposition des municipalités où elles étaient établies toutes leurs bibliothèques, c'est en réalité, comme on va le voir, de l'histoire de la fondation des bibliothèques de presque toutes nos villes des départements qu'il s'agit.

On peut trouver rangées par ordre alphabétique, dans les tomes XXII et XXIII in-folio du Recueil de la Bibliothèque de l'Arsenal, toutes les pièces relatives à la constitution des bibliothèques des Écoles centrales de plus de cinquante départements de la France du Consulat et du premier Empire. Toutes ces pièces remontent de l'an VI à l'an XI et se déroulent à peu près dans le même ordre : une lettre du Ministre de l'intérieur autorise, soit la recherche, soit l'enlèvement des livres dans les Dépôts; le catalogue des livres demandés, renvoyé au Conseil de conservation des arts; l'autorisation des membres de ce conseil et, enfin, la livraison faite au Dépôt sur le reçu du bibliothécaire ou du mandataire de l'école favorisée. Nous ne citerons ni les dates des livraisons des livres, ni les noms des villes des départements au profit desquelles elles sont autorisées. Les

listes les plus considérables sont celles de Moulins, pour
l'Allier, dont l'école de dessin est surtout traitée avec lar-
gesse ; celles du département des Basses-Pyrénées ; de la
ville de Caen (Calvados), qui obtint l'octroi d'une quantité
d'articles compris dans cinq catalogues ; des départements
du Lot, de la Lozère, du Golo, et surtout des départements
nouveaux formés des provinces conquises sous la Révolution et sous l'Empire. Les départements du Liamone, de
la Lys (Bruges), du Mont-Tonnerre (Mayence), du Mont-
Terrible, des Deux-Nèthes (Anvers), de Gemmapes (Mons),
de la Dyle (Bruxelles), de l'Ourthe (Liège), prirent tous,
dans les Dépôts, une part relativement bien plus considérable que celle des départements formés de nos anciennes
provinces : réponse anticipée aux bruyantes revendications
de 1815, par laquelle la France prouvait sa loyauté et sa
justice en rendant aux bibliothèques publiques des villes
annexées ce qu'elle avait emprunté dix ans plutôt aux
bibliothèques de leurs congrégations supprimées. Des colonies, perdues depuis, ne furent pas non plus oubliées dans
cette distribution des richesses bibliographiques conservées dans les Dépôts littéraires. Nous avons dit quelle
part reçut l'Egypte en l'an IX pour la bibliothèque du
Caire. La Louisiane et, avec elle, l'Institution générale des
colonies ne furent pas moins bien traitées en l'an IX, et
reçurent aussi une collection importante (127) qui fut perdue plus tard avec la colonie elle-même.

On s'étonne, en parcourant les listes sommaires des
livres demandés au nom des villes de département pour
les bibliothèques de leurs écoles centrales, du peu de con-
naissances bibliographiques qu'elles supposent de la part
des commissaires chargés de les dresser. C'est le plus souvent le mélange le plus inattendu, l'association la plus
étrange qui y figurent, et l'on sent que les demandes ont
été formées sans aucune idée scientifique, presque sans
but et, en quelque sorte, au hasard. Quoi qu'il en soit, ces

(127) **Archives des Dépôts littéraires**, vol. XXII, ff. 464-500.

collections tirées des Dépôts de Paris et jointes à celles
déjà réunies dans les districts ont formé nos bibliothèques
de province dont quelques-unes, celles d'Aix, de Marseille,
de Dijon, de Besançon, de Nîmes, de Bordeaux, de Gre-
noble, de Lyon, de Strasbourg, hélas! de Rouen, de Caen,
d'Amiens, de Versailles, d'Avignon, comptent de 50,000 à
100,000 et 150,000 volumes, dont toutes ont acquis la base
d'une bibliothèque qui peut se développer facilement à l'a-
venir. Aux termes de l'arrêté du 8 pluviôse an XI, en effet,
comme nous l'avons dit, les bibliothèques des écoles centrales mises sous les scellés après l'organisation des lycées
furent remises à la disposition des municipalités, à la
charge d'en dresser le catalogue et d'en payer le conservateur. Le vœu des savantes Commissions bibliographiques
de nos grandes assemblées politiques, et le but primitif de
la réunion dans les Dépôts littéraires de toutes les bibliothèques des corporations religieuses et civiles pour en former des bibliothèques réparties autant que possible sur
toute la surface du territoire, se trouvèrent donc, en partie
du moins, satisfaits.

Ce vœu fut surtout satisfait par la création à Paris de la
bibliothèque de la troisième école centrale, établie rue
Saint-Antoine dans les dépendances de l'ancienne église
des Jésuites, bibliothèque qui fut considérable dès l'origine (128) et qui devint le noyau de la nouvelle bibliothèque
de la ville de Paris (129), qui comptait déjà 30,000 volumes
avant les fatales journées de mai 1871. Il le fut aussi par
l'établissement des bibliothèques de l'École centrale, du
Panthéon, du bureau central du Collège des Écossais et des
Irlandais, de l'Institut des élèves de la patrie, de celui des
Boursiers du collège Égalité, qui devint bientôt le Prytanée.
Ces deux derniers établissements eurent pour bibliothécaire Seryès, l'ancien conservateur du Dépôt de la rue de

(128) Archives des Dépôts littéraires, vol. XXIII, ff. 261-347, et
vol. XIX, ff. 333-334.

(129) Voir le livre de M. E. Despois, le *Vandalisme révolutionnaire,*
page 258.

Lille, qui emporta, en leur nom, des Dépôts une collection de livres dont les catalogues occupent plus de cent cinquante pages dans le recueil de leurs archives (130), et qui réunie, dans les bâtiments du ci-devant collège Louis-le-Grand, à l'ancienne bibliothèque de l'Université, devint bientôt successivement celle du Lycée impérial, celle des quatre lycées et, enfin, celle de l'Université, aujourd'hui transportée à la Sorbonne et devenue publique, avec 77,501 volumes (131).

L'École normale, fondée par le décret du 9 brumaire an III, et organisée par celui du 17 mars 1808, n'eut, dans ses commencements et même jusqu'à son organisation définitive après la révolution de 1830, qu'une existence précaire et un domicile variable et emprunté. La bibliothèque actuelle, considérable cependant, et savamment composée, est donc moderne. Nous n'avons trouvé sous son nom, dans les papiers des Dépôts, qu'une liste restreinte de livres d'histoire demandés par Volney, sans doute pour préparer le cours d'histoire générale qu'il y fit dès l'origine (132). La

---

(130) **Archives des Dépôts littéraires**, vol. XXVI, fl. 110-263.

(131) Voyez la *Statistique de l'enseignement supérieur* publiée en 1868 par le ministère de l'instruction publique, pages 515 et suiv.

(132) **Archives des Dépôts littéraires**, vol. IV, ff. 307-308. — L'École normale fondée par le décret du 9 brumaire an III, sur le rapport de Lakanal, fut suspendue après une courte existence et des cours brillants mais éphémères ; puis réorganisée par le décret du 17 mars 1808 et mise en activité par le règlement du 17 septembre de la même année. Au commencement, logée dans une aile de l'ancien collège Louis-le-Grand, bientôt transférée dans l'ancien séminaire du Saint-Esprit, rue des Postes, puis rappelée au collège Louis-le-Grand, elle ne reçut son logement actuel qu'après la loi des finances en 1841. Peu sympathique à la Restauration, qui prévoyait en elle et excitait ainsi l'esprit libéral qui l'a toujours animée, sa destruction fut préparée par l'ordonnance du 27 février 1821 et accomplie plus ou moins franchement par celle du 6 septembre 1822. Son principe fut cependant maintenu par les écoles normales partielles d'académies et par l'École préparatoire, mais elle ne dut sa réorganisation qu'aux ordonnances du 6 août 1830 et des 14 mars et 18 avril 1831. Ce n'est donc qu'à partir de cette époque qu'elle a pu s'occuper sérieusement de sa bibliothèque.

bibliothèque de l'École normale hérita plus tard d'une part importante de la bibliothèque du Prytanée, qui fut confondue en 1823 avec celle de l'Université à la Sorbonne, mais qui lui fut rendue en 1832 (133).

VI. — BIBLIOTHÈQUES SCIENTIFIQUES. — Les établissements publics que nous appelons plus particulièrement scientifiques, parce que les études et les travaux qu'ils embrassent ont pour base les sciences pures ou appliquées, peuvent être divisés en quatre groupes principaux, auxquels se rattachent toutes les institutions secondaires de même nature : 1º le Muséum d'histoire naturelle et le Bureau des longitudes ; 2º le Conservatoire et les écoles des Arts-et-Métiers ; 3º les écoles Polytechnique, des Ponts et Chaussées et des Mines ; 4º les écoles de Médecine de Paris et des départements, les écoles Vétérinaires et les écoles spéciales analogues. Ces quatre groupes embrassent une vingtaine d'établissements différents qui tous ont puisé des bibliothèques plus ou moins importantes dans les Dépôts littéraires.

Nous passerons rapidement sur la fondation de la Bibliothèque du Muséum d'histoire naturelle, antérieure à la constitution des Dépôts définitifs et dont nous avons parlé, pour cette raison, en racontant leur organisation primitive. Créée dans des formes et avec des privilèges spéciaux, la bibliothèque du Jardin des Plantes est une des plus considérables qui soit sortie de la révolution bibliographique de la fin du dernier siècle. Elle put porter ses choix dans toutes les grandes bibliothèques ecclésiastiques et privées du temps et en tira, aux termes du décret organique du 10 juin 1793, tous les livres de sciences naturelles à sa convenance. Elle puisa surtout dans les bibliothèques ecclésiastiques de Saint-Victor, de Notre-Dame, de Saint-Martin-des-Champs, des Grands et des Petits-Augustins, des Blancs-Manteaux, des Minimes, des Célestins, des Carmes et des Jacobins Saint-Dominique, et dans les bibliothèques

(133) *Statistique de l'enseignement supérieur*, page 517.

d'émigrés de Gilbert des Voisins, de la Luzerne, de Nesle, de Malesherbes, dont l'arrêté du 25 thermidor an II l'autorisa à prendre l'herbier célèbre qui renfermait 6,000 plantes rangées par familles en 56 volumes in-folio. Elle obtint aussi, le 4 messidor an IX, l'autorisation de prendre au Dépôt des Cordeliers pour 6,000 fr. de livres, probablement de livres de rebut destinés à l'usage du laboratoire du Muséum (134).

A cette bibliothèque on peut rattacher celle qui fut autorisée le 30 germinal an II pour la Société d'Agriculture (135), mais cette autorisation parait avoir été sans résultat, quoique fortement appuyée par Ameilhon, membre et commissaire de la Société d'Agriculture, puisqu'une note manuscrite de ce dernier constate qu'on ne trouva rien dans les Dépôts sur l'économie rurale et les sciences connexes.

L'Observatoire pouvait invoquer, comme le Muséum d'histoire naturelle, un titre particulier au droit de choisir dans les Dépôts les livres à sa convenance. L'article 17 de la loi organique du 7 messidor an III avait attribué au Bureau des longitudes les livres des Dépôts et les doubles de la Bibliothèque Nationale nécessaires pour compléter la bibliothèque astronomique de l'Observatoire. M. Delambre, dans sa demande, qui ne fut formée qu'en germinal an IX et autorisée que le 4 floréal de la même année, fit comprendre dans son autorisation, non seulement les livres d'astronomie et de météorologie, mais les voyages de découvertes et la géographie astronomique, ainsi que les collections des académies et les mémoires des sociétés savantes (136).

L'installation du Conservatoire des Arts-et-Métiers, créé par le décret du 19 vendémiaire an III, rencontra des dif-

---

(134) Voyez supra, 1re partie, ch. II, et les **Archives des Dépôts littéraires**, vol. XXVII, ff. 1-153.

(135) *Ibid*, *ibid.*, fol. 363.

(136) *Ibid.*, vol. XXVI, ff. 264-265.

ficultés qui ne furent levées que par la loi du 22 prairial
an VI, qui lui attribua enfin un local convenable. Il ne put
donc songer qu'en ce moment à constituer sa bibliothèque.
Plusieurs autorisations lui furent données de rechercher
dans les Dépôts les livres dont il avait besoin. Il en usa le
14 thermidor an VI et le 5 fructidor an VII, pour faire ac-
cepter des listes volumineuses et les Dépôts reçurent
même, un peu plus tard, l'ordre de mettre à sa disposition
tous les livres d'arts et métiers qu'ils pourraient rassem-
bler (9 thermidor an X) (137). Mais ce ne furent pas seulement des livres qu'il parut empressé de chercher dans les
Dépôts, il en obtint aussi, avec une autorisation spéciale,
des instruments divers pour son installation matérielle :
un jour, les 6 et 29 germinal an VIII, 100 cartons pour
les dessins de ses machines, un autre jour, 400 portes
grillées en bois et en fer ; à des dates diverses, une quantité considérable de planches et d'échelles (138). Une autorisation lui fut même donnée, en prairial et vendémiaire
an VII, de prendre dans les Dépôts « des livres de chant
et de liturgie de grand format avec les couvertures » pour
la fabrication de cylindres de papier pour l'industrie, in-
vention déjà ancienne, mais dont le Gouvernement d'alors
croyait devoir propager l'usage (139).

Nous avons compris dans le troisième groupe des établissements scientifiques qui furent autorisés à prendre
dans les Dépôts les matériaux ou le complément de leur
bibliothèque, l'École polytechnique, l'École des Ponts et
Chaussées, l'École et l'Agence des Mines. On sait que l'École
polytechnique fut créée d'abord par la loi du 7 vendémiaire
an IV, sur le rapport de Fourcroy, sous le nom d'École
centrale des travaux publics (140). Sa nouvelle dénomination lui fut donnée par la loi du 15 fructidor et son organi-

(137) **Archives des Dépôts littéraires**, vol. XXVI, ff. 291-310, 320-331.
(138) *Ibid., ibid.*, ff. 316, 319, 343, 349 ; 281, 283, 311, 315, 333-339,
345-351.
(139) *Ibid., ibid.*, ff. 284-289.
(140) *Moniteur* du 8 vendémiaire an III.

sation par celle du 30 vendémiaire an IV. Sous son premier nom, les trois Comités réunis de Salut public, d'Instruction publique et des Travaux publics, l'avaient
autorisée, dès le 7 prairial an III, à rechercher et à recevoir des livres dans les Dépôts et déjà elle y avait puisé
cinq listes assez étendues (141). Sous sa dénomination nouvelle, elle fut de nouveau autorisée, par la commission
exécutive du Comité d'instruction publique (le 5ᵉ complémentaire an III), à continuer ses choix, et cette autorisation fut renouvelée les 4 frimaire, 17 floréal et 25 messidor
an IV pour divers catalogues et pour le plus étendu de tous
en date du 21 thermidor an IX (142). Tous les livres compris dans ces listes furent reçus par son bibliothécaire, le
c. Peyrard, après avoir été soumis à la révision des Conservateurs de la Bibliothèque Nationale et sur leur visa constatant, au besoin, leurs réserves; mais ces listes furent en
même temps renvoyées à un autre contrôle. Le Ministre
de l'intérieur Chaptal fit biffer, notamment dans le catalogue du 21 thermidor an IX, une longue liste de livres
qu'il fut interdit aux Conservateurs des Dépôts de livrer.
On oubliait volontiers l'arrêté du 1ᵉʳ thermidor qui interdisait d'extraire des Dépôts des livres destinés à un établissement public s'ils ne traitaient pas des matières
analogues à l'objet pour lequel cet établissement avait été
institué ; mais ici surtout la liste demandée sortait trop
visiblement de ces limites, et celui qui l'avait dressée avait
par trop oublié ce qui convenait non seulement à l'institution spéciale pour laquelle elle était faite, mais aussi
aux jeunes lecteurs auxquels les livres qu'elle contenait
étaient destinés (143).

.L'Agence des Mines ou la maison d'instruction créée pour
l'exploitation des mines de la République commença par

(141) **Archives des Dépôts littéraires,** vol. XXVI, ff. 407-419.
(142) *Ibid.*, vol XXIV, ff. 238, 347.
(143) Cette liste contenait par exemple : Le tableau de l'amour conjugal, les amours d'Abélard, et beaucoup d'autres du même genre rayés
par le Ministre. — Voyez *ibid., ibid.*, ff. 330 334.

hériter d'une façon assez inattendue, le 2 ventôse an II, de cinquante-huit ouvrages formant la collection du Jury des armes, qui venait d'être supprimé par décret. Un arrêté du 7 ventôse an IV autorisa de plus la livraison, qui eut lieu le 9 germinal, d'une longue liste de livres pour le Conseil des Mines. La constitution de cette bibliothèque n'offrit, d'ailleurs, aucun incident remarquable (144).

Quoique l'établissement et l'organisation de l'École des Ponts et Chaussées remontassent à la loi du 31 décembre 1790, nous ne trouvons pas qu'on ait songé à demander des livres pour la bibliothèque de cet établissement avant le 25 thermidor an VI, jour où l'administration de l'École fit approuver un catalogue dont elle reçut immédiatement les livres; mais c'est surtout en 1808 que cette bibliothèque fut constituée. Le Ministre de l'intérieur Crétet approuva pour elle, en juillet et août de cette année, la livraison d'une longue série de livres, après avoir provoqué et reçu toutefois, le 23 juillet, les observations et les critiques du Conservateur du Dépôt, le c. Van Thol, sur la liste demandée (145).

Supprimée, avec toutes les corporations, par les décrets révolutionnaires qui les avaient abolies, la Faculté de médecine se trouva rétablie par le décret du 14 frimaire an III, qui ordonna l'établissement, à Paris, à Montpellier et à Strasbourg, d'écoles destinées à former des officiers de santé. Les écoles de santé, qui reprirent plus tard le nom d'écoles de médecine, devaient avoir, aux termes de l'article 6 du décret organique, chacune « une bibliothèque, un cabinet d'anatomie, une collection d'histoire naturelle médicinale » et le Comité d'instruction publique était chargé de faire recueillir dans les Dépôts nationaux les matériaux nécessaires à ces collections. Celle de Paris devait avoir de plus « un bibliothécaire ». Dès le 24 messidor

(144) **Archives des Dépôts littéraires,** vol. XXVI, ff. 428-443.
(145) *Ibid., ibid.,* ff. 361-406. La liste des livres qui furent retranchés du catalogue sur les observations du Conservateur du Dépôt se trouve fol. 382. Les livres furent livrés le 26 août 1808.

an III, le Comité d'instruction publique et, à partir de l'an V, le Ministre de l'intérieur donnèrent toutes les autorisations nécessaires pour la recherche et l'enlèvement des livres dans les Dépôts. Une dizaine de catalogues, réunis dans le recueil de la Bibliothèque de l'Arsenal (146), furent successivement produits par les deux bibliothécaires, les cc. Sue et Thillaye, et reçus, après la révision et avec les réserves du Conservateur des imprimés de la Bibliothèque Nationale, MM. Van Praet ou Capperonnier. La bibliothèque de l'École de santé de Paris fut ainsi immédiatement constituée.

La constitution de la bibliothèque de l'École de médecine de Montpellier fut plus longue, plus tardive et rencontra des difficultés plus sérieuses. Deux premiers emprunts furent autorisés et accomplis sans difficulté dans les Dépôts en l'an VI et en l'an X; mais un troisième, demandé en l'an XI, présenta de sérieuses complications. Les livres réclamés, publiés depuis la Révolution, ne se trouvaient pas pour la plupart dans les Dépôts. Le bibliothécaire, M. Prunelle, insistait pour les avoir; ils étaient de grand prix et il fallait en faire venir d'Allemagne à grands frais des villes où ils pouvaient être achetés. On eut recours à l'expédient qui avait déjà servi tant de fois dans la composition des bibliothèques de beaucoup d'autres établissements, à un échange en librairie. On trouva les livres qui furent estimés 6,306 fr. On demandait en échange 8,053 volumes tirés des Dépôts. Nous avons vu les reçus en date du 21 germinal an II et 3 brumaire an XII pour 6,695 volumes estimés 3,588 fr. et d'autres reçus en frimaire et nivôse an XII pour 2,484 volumes estimés 3,354 fr. L'ensemble de cette affaire paraît, du reste, assez obscur et laisse, nous l'avouerons, une impression pénible. La bibliothèque de Montpellier s'enrichit encore de livres sur l'art de guérir empruntés à celle de Carpentras, et M. Prunelle en recevant l'autorisation de faire cet emprunt reçut, en

(146) **Archives des Dépôts littéraires,** vol. XXVII, ff. 155-277.

même temps, celle de prendre dans le Dépôt des Cordeliers un certain nombre de bons livres pour indemniser la ville de Carpentras qu'il dépouillait (147).

La constitution de la bibliothèque médicale de Strasbourg fut plus simple; son catalogue modeste présente le 5 vendémiaire et le 20 nivôse an VII fut autorisé sans délai par le Ministre François de Neufchâteau et les livres furent envoyés et reçus immédiatement (148).

Les bibliothèques des écoles vétérinaires d'Alfort et de Lyon ne paraissent avoir offert également aucune difficulté dans leur constitution. La liste de la première, autorisée le 19 nivôse an VIII, fut livrée le 25, et celle de la seconde, autorisée le 10 thermidor an VII, fut livrée le 17 du même mois (149).

L'établissement des Sourds-Muets reçut sa bibliothèque le 30 thermidor an VI et celui des Quinze-Vingts les 22–27 vendémiaire an IX (150). L'institut des Aveugles travailleurs avait reçu la sienne, y compris ce qui s'était trouvé de musique dans les Dépôts, le 30 frimaire an VII, par l'intermédiaire de M. Haüy, son directeur (151).

VII. — BIBLIOTHÈQUES ECCLÉSIASTIQUES. — La part de l'Église dans la répartition des livres des Dépôts littéraires, qui avaient été surtout composés de ses dépouilles, vint plus tard et elle fut encore assez belle. Tant que la fièvre révolutionnaire domina tous les sentiments du pays, le clergé, même le clergé constitutionnel et assermenté, se tint à l'écart et osa à peine réclamer quelques livres indispensables à l'exercice le plus restreint du culte toléré. Nous n'avons guère trouvé parmi les pièces que nous avons pu consulter qu'une liste bien humble de missels et autres livres de liturgie remis par Ameilhon, le 18 floréal an IV,

(147) **Archives des Dépôts littéraires**, vol. XXVII, ff. 284-294 et suiv. Pièces relatives à l'échange de l'an III, ff. 293-317.

(148) *Ibid., ibid.*, ff. 323-324.

(149) *Ibid., ibid.*, ff. 325, 328, 348, 353.

(150) *Ibid., ibid.*, ff. 354-362.

(151) *Ibid.*, vol. XXVI, ff. 272-278.

au curé de Saint-Jacques-du-Haut-Pas, et quelques autres emprunts analogues, en l'an IV et en l'an V, pour les cures de Saint-Benoît, de Saint-André-des-Arts et de Saint-Marcel (152) ; mais le Concordat et la proclamation des articles organiques réveillèrent bientôt des prétentions moins humbles.

L'archevêque de Paris donna le signal et il obtint, par lettres ministérielles des 7, 24, 28 fructidor an X et 1er nivôse an XI, l'autorisation de prendre dans les Dépôts de 12 à 15,000 volumes pour la bibliothèque de l'archevêché. Huit listes, produites en son nom, du 20 nivôse an XI au 20 nivôse an XII, emportèrent 12,487 volumes d'un premier choix, qui fut complété plus tard. La bibliothèque de l'archevêché était cependant restée imparfaite, le Ministre ayant refusé d'abord les livres d'histoire et de littérature demandés pour elle. Le décret du 10 février combla cette lacune en ordonnant qu'il y serait ajouté les livres d'agré-

(152) **Archives des Dépôts littéraires,** vol, XXV, ff. 328, 336, 339, 340. Voici un exemple de l'humilité avec laquelle les livres étaient demandés pour les églises, même à l'époque de la renaissance des idées religieuses. Le maire du IXe arrondissement adressait le 11 frimaire an XI à l'administration des Dépôts littéraires la lettre suivante : « Citoyen, — Il doit exister dans les Dépôts confiés à votre surveillance des livres d'église qui, pour le moment, ne servent à personne et seraient d'une grande utilité à l'église qui va s'ouvrir dans notre arrondissement, aux ci-devant Jésuites. Cette paroisse, qui manque de tout, aurait besoin d'un graduel in-folio, de trois antiphoniers (sic) in-folio et de trois psautiers aussi in-folio. S'il était possible d'obtenir, à titre de prêt seulement, et pour un temps déterminé quelconque.... *Signé :* LEDRU. »

Sur cette lettre D'aigrefeuille a écrit : « *Répondu,* le 12 frimaire an XI, *négativement* » en renvoyant à l'archevêque, ce dont il fut remercié le lendemain par le c. Ledru. Ainsi cette église de Louis-la-Culture, qui contenait quelques années plutôt 600,000 volumes et d'où étaient sortis, de l'an IV à l'an IX, 100,000 volumes environ de livres choisis et 162,650 livres pesant de livres de rebut, c'est-à-dire de livres d'église, dont elle possédait encore, en l'an IX, 300,000 volumes, ne pouvait obtenir en l'an XI, à titre de prêt momentané, un graduel et trois psautiers ! On était bien loin encore des collections de livres d'agrément obtenus plus tard, comme nous le verrons bientôt, par les diocèses de Paris et de Tournay.

ment nécessaires, et quoique une correspondance administrative assez curieuse se soit engagée pour fixer le vrai sens de ces mots du décret « livres d'agrément » que l'archevêché réclamait avec vivacité, satisfaction lui fut donnée, même à cet égard, avec des livres pris dans le Dépôt et dans la bibliothèque du ci-devant Tribunat (153).

D'autres évêchés reçurent également leur contingent de livres pour leurs bibliothèques ou pour celles de leurs séminaires, surtout après le décret du 7 thermidor an XIII, qui en fit à l'Etat une obligation. Les archevêques de Tours et de Lyon, les évêques d'Autun, de Cahors, d'Orléans, de Saint-Flour, de Mende, de Tournay, de Troyes, de Vannes, de Versailles obtinrent l'autorisation de prendre dans les Dépôts chacun un nombre de volumes fixé par les arrêtés ministériels, à 3,500, par exemple, pour l'évêque d'Autun, 2,000 pour celui de Mende, de 5 à 6,000 pour l'archevêque de Lyon, qui reçut en définitive quatre listes des volumes choisis par le savant bénédictin Dom Brial (154), faible réparation, après tout, de ce qui avait été pris en 1791 aux anciennes communautés ecclésiastiques !

Les provinces ci-devant belges reçurent pour leurs évêchés, comme pour leurs écoles centrales, une part privilégiée dans la répartition des livres des Dépôts ; mais aucun, après l'archevêque de Paris, ne fut plus habile dans la chasse aux livres et plus favorisé que l'évêque de Tournay. En vertu d'une autorisation ministérielle du 17 nivôse, il avait présenté en l'an XI au Conservateur du Dépôt des Cordeliers, D'aigrefeuille, une première liste de 3,475 volumes, qui furent remis à son mandataire. Il en produisit bientôt une seconde, après avoir prévenu le Conservateur du Dépôt qu'il désire avoir d'autres livres que des livres de théologie, « pour répandre le goût des lettres dans son diocèse. » Cette seconde liste ne fut cependant

____

(153) **Archives des Dépôts littéraires**, vol. XXV, ff. 98-213.— Voir le décret de 1810, ff. 113-116 *ibid*.

(154) Voyez ces listes : *Ibid., ibid.*, ff. 1-326.

autorisée qu'en partie et le Ministre défendit de rien donner au delà. Nous avons parcouru ces listes, elles étaient savamment composées et conformes, d'ailleurs, à toutes les convenances. Ce qui l'était moins, peut-être, c'est la manière dont l'évêque les appuyait auprès de l'administrateur du Dépôt dont, paraît-il, il connaissait les faiblesses (155). Il obtint en totalité 7,874 volumes.

Les paroisses de Vincennes (30 thermidor an X), de Saint-Paul (24 germinal an XI et 1ᵉʳ vendémiaire an XII), de Saint-Philippe-du-Roule (12 floréal an XII), le chapitre de Notre-Dame (29 octobre 1810), le séminaire des Missions étrangères (31 janvier 1806), le séminaire-collège des Irlandais, Anglais et Ecossais (30 brumaire an XIV et 28 novembre 1810) reçurent aussi des livres (156); mais l'Église protestante profita en même temps des largesses que les Dépôts littéraires permirent au Gouvernement de prodiguer. La Faculté protestante de Montauban envoya au Dépôt du ministère de l'intérieur, avec l'autorisation du ministre, un catalogue considérable de livres demandés et qui lui furent remis le 22 mars 1810 (157).

VIII. Bibliothèques privées. — Tels furent les établissements publics et les institutions officielles qui trouvèrent

(155) **Archives des Dépôts littéraires**, vol. XXV, ff. 236-284.— Voyez surtout la lettre de l'évêque au conservateur du Dépôt en date du 2 floréal an XI (fol. 242). Il l'accable de compliments et le prie d'être assuré de son « immense gratitude » et de faire tout ce qu'il pourra pour accélérer l'envoi des livres avant l'arrivée du premier Consul, qui doit visiter la contrée. « Que n'êtes-vous dans le cas de l'accompagner, ajoutet-il ; oh ! comme vous augmenteriez mon plaisir ! car j'en aurais assurément un bien grand à vous recevoir chez moi et à vous faire trouver dans mon diocèse *un diminutif des agréments que vous goûtez à Paris* (D'aigrefeuille était un gastronome célèbre, l'hôte assidu de la salle à manger de Cambacérès). Je compte, Monsieur, sur votre amitié comme vous pouvez faire fonds sur celle que je vous ai vouée. » Et plus bas : « La semaine prochaine, le petit cadeau de vin du Rhin que je vous ai destiné partira de Cologne. *Signé :* François Joseph, évêque de Tournay. »

(156) *Ibid., ibid.*, ff. 329, 348, 369, 412. Voyez vol. XXVI, fol. 279.

(157) *Ibid., ibid.*, ff. 413 et suiv. 472 (61 pages).

le complément ou la base de leurs bibliothèques spéciales
dans les Dépôts littéraires. La critique la plus partiale
n'aurait pu trouver à redire à ces répartitions qui tour-·
naient, après tout, au grand avantage de l'instruction et
du service du peuple. Peut-être justifierait-on moins facilement les dispositions qui nous restent à mentionner. Les
particuliers, comme les institutions publiques, prirent part
à la curée des Dépôts. On y prêta, comme nous l'avons vu,
des livres qui furent rarement rendus. On en donna beau·
coup, soit pour aider ou encourager les savants dans leurs
travaux, soit pour récompenser des services publics, et
notre travail resterait incomplet si nous ne jetions un coup
d'œil sur ces largesses. Ainsi on donna à M. Baudin, ca-
pitaine des vaisseaux de la République, une bibliothèque
du prix de 7,013 fr. arrêté par le Conseil de conservation
(16 brumaire an VIII) (158); au général Moncey, une petite
bibliothèque de 765 volumes (8-10 thermidor an XI) (159);
à François de Neufchâteau, sénateur, « pour l'aider dans
ses travaux sur l'agriculture et l'éducation publique, » une
longue liste de livres spéciaux (prairial an X) (160); au
c. Haüy (16 vendémiaire an III), les dictionnaires, gram-
maires et auteurs en langue hébraïque dont il a besoin
« pour un travail diplomatique dont il est chargé » (161);
au c. Silvestre de Sacy (les 17 floréal, 26 messidor an VIII
et 17 nivôse an IX) 36 ouvrages arabes, arméniens, sy-
riaques, tous de grand prix (162); à Desmarets, de l'Institut,
100 volumes des Mémoires de l'Académie des sciences (163);
au général De Caen (le 21 fructidor an X), une Encyclopédie; à Torelli, 3 ouvrages remis le 4 prairial an VI (164);
à M. Pastoret, « pour un travail dont l'Institut l'a chargé, »

(158) **Archives des Dépôts littéraires,** tome II, ff. 239-243.
(159) *Ibid., ibid*, ff. 274-278.
(160) *Ibid., ibid.,* ff. 243-255.
(161) *Ibid., ibid.,* fol. 263.
(162) *Ibid., ibid.,* ff. 281-286.
(163) Le 10 frimaire an VII. *Ibid.,* vol. IV, ff. 238-240.
(164) *Ibid*, vol. II, ff. 287-289.

une collection in-folio d'édits et ordonnances, Fontanon, Néron, Ducange (11 messidor an VI, 26 vendémiaire an XI)(165); à Lafond, du Théâtre français, quelques livres nécessaires à l'étude de l'histoire dont il s'occupe (9 germinal an XII) (166); à Parny, une liste sans date de livres frivoles (167); à Palissot, un certain nombre d'exemplaires de ses œuvres et beaucoup d'autres ouvrages (24 ventôse an VI-15 brumaire an VII) (168); à Esménard, « pour ses hymnes patriotriques, » l'Histoire des Voyages, l'Histoire de France de Vely, les Œuvres de Palissot et plusieurs autres (30 thermidor-12 fructidor an IX) (169); au c. Cosme, enfin, pour mettre un terme à ces citations qui suffisent sans doute pour donner une idée de l'usage qui se faisait des livres des Dépôts dans des intérêts privés ou publics, au c. Cosme, « en échange des pistolets gagnés par lui dans la course à pied de la fête de la fondation de la République, » un Buffon, en 33 volumes (19 nivôse an VI) (170).

Et ces dons privés, joints à la fondation de ces innombrables bibliothèques politiques, administratives, militaires, ecclésiastiques, civiles, se rattachant à toutes les branches de l'instruction publique et à toutes les institutions de l'Etat, ne furent pas les seules, ne furent pas peut-être les plus nombreuses collections de livres qui sortirent des Dépôts littéraires. Nous avons vu ce qui en fut retiré par les restitutions faites aux anciens émigrés et aux condamnés des tribunaux révolutionnaires. Beaucoup d'autres furent données en payement des dettes de l'État ou en échange de livres, utiles aux administrations publiques, qui ne se trouvaient pas dans les Dépôts. Nous avons cité

<hr>

(165) **Archives des Dépôts littéraires**, vol. IV, ff. 287 294.

(166) *Ibid., ibid.,* fol. 270.

(167) *Ibid.*, vol. II, fol. 280.

(168) *Ibid.*, vol. IV, ff. 277-285.

(169) *Ibid., ibid.*, ff. 254-256. Voir la lettre du Ministre Chaptal.

(170) *Ibid., ibid.*, fol. 225. Le même reçut le 20 vendémiaire an VII une encyclopédie, édition de Genève. *Ibid., ibid.*, fol. 227.

quelques-uns de ces échanges et nous aurions pu multiplier les exemples. Ils s'accomplissaient presque toujours avec des libraires, qui fournissaient les livres désirés et prenaient en payement des livres « dit de rebut » ou incomplets, livrés au poids par masses immenses à des prix infimes, comme nous l'avons dit plus haut, et souvent sans autre garantie de choix et d'appréciation que la loyauté des administrateurs des Dépôts. Le Ministre écrivait, par exemple, au Conservateur d'un Dépôt de livrer tant d'ouvrages au c. D..., en échange de 8,000 fr. qui lui sont dus (29 brumaire an X), ou bien : « Je vous autorise à délivrer au s. J... 4,153 myriagrammes pesant de vieux livres (83,160 livres pesant) pour 7,000 fr. en échange de cent exemplaires de la *Phytologie universelle*. » Et ce qu'il y eut de pire dans ces marchés, c'est que les livres des Dépôts qui en étaient l'objet étaient le plus souvent des livres dits « de rebut ou sans valeur, » repris au poids comme vieux papiers, quelquefois à des prix ridicules. Les mêmes livres étaient souvent donnés dans des proportions considérables « pour les besoins de l'artillerie. » On donnait, par exemple, les 2-4 nivôse an VI, 2,662 volumes in-folio de livres inutiles de liturgie et de dévotion propres au service de l'artillerie, et quelques jours plus tôt on avait livré 3,572 des mêmes livres pour le même usage (171). Nous avons constaté, avec le directeur et l'inspecteur du Dépôt de Louis-la-Culture, qu'en l'an V, le premier avait déjà délivré 162,650 livres pesant de ces livres de réforme, c'est-à-dire selon le calcul des probabilités bibliographiques le plus sévère, toute une grande bibliothèque. A cela près, il ne paraît pas qu'il y ait eu dans les Dépôts littéraires autant d'abus qu'on l'a dit quelquefois et qu'on a pu le croire. Les employés, anciens religieux pour la plupart, paraissent, en général, avoir été honnêtes, et dans la masse des papiers que nous avons dû consulter pour réunir les matériaux de cette étude, nous n'avons rencontré qu'un seul de ces agents dont la conduite ait été incriminée.

(171) Archives des **Dépôts littéraires**, vol. II, ff. 38-40.

Pour ne rien omettre dans cet aperçu de la liquidation des ressources renfermées dans les Dépôts, nous devons ajouter qu'on tira le meilleur parti possible des matériaux qui avaient servi à y aménager les livres. Les divers établissements qui avaient été compris dans la répartition se disputèrent les échelles, les tables, les planches, les tablettes. Nous avons vu que l'administration du Conservatoire des Arts-et-Métiers avait obtenu la moitié des planches du Dépôt de Louis-la-Culture, 400 portes vitrées, 100 cartons et des échelles (172). Pour sa part, le premier organisateur des Dépôts, Ameilhon, devenu Conservateur de la Bibliothèque de l'Arsenal, déploya dans cette chasse aux tablettes son ardeur extraordinaire. Il emporta le 21 frimaire an XI les planches de la tribune des Jésuites et le 20 floréal an X une bonne part des tablettes de l'église. Plus tard, malgré les arrêtés ministériels, ordonnant que les boiseries du Dépôt des Cordeliers couvrissent les frais de son transport à l'hôtel Chabrillant, Ameilhon parvint, après une négociation dans laquelle il déploya toute l'âpreté de sa nature, à conquérir encore une quantité considérable de tablettes, et le dernier acte de son administration, après la réunion de ce dernier Dépôt à la Bibliothèque de l'Arsenal, en 1811, fut de solliciter et d'obtenir des tablettes pour installer les derniers débris de cette gigantesque réunion de livres qu'il avait commencée vingt ans plus tôt (173). Le bon temps des architectes du gouvernement n'était pas encore venu et l'État ne dépensait pas alors, comme il l'a fait depuis, pour loger somptueusement les livres dans les bibliothèques publiques, des sommes énormes qui eussent été peut-être mieux employées à les entretenir et à les compléter.

(172) **Archives des Dépôts littéraires**, vol. XXVI, ff. 281, 283, 311, 319, 333, 339, 345, 351.

(173) *Ibid.*, vol. XV, in-folio.

CONCLUSION

Telle fut, dans son origine, son organisation, ses travaux et sa liquidation définitive, cette institution des Dépôts littéraires dont nous avons essayé d'esquisser l'histoire.

Son origine se rattache aux événements les plus considérables et aux actes les plus contestés de notre Révolution. Son but fut grand et en partie chimérique ; son organisation fut simple à la fois et savante, œuvre de gens qui connaissaient les livres et les conditions de leur administration ; ses travaux bibliographiques, en dehors du déplacement de tant de bibliothèques enlevées à leurs anciens possesseurs pour être attribuées plus tard à des établissements nouveaux, furent éphémères, puisqu'il n'en reste guère que les cartes inutiles qui encombrent les greniers de la Bibliothèque de l'Arsenal ; la liquidation définitive et la répartition de ces richesses, heureuses dans tout ce qui en sortit, au commencement, pour les comités et les corps politiques, pour le Muséum d'histoire naturelle, pour les quatre grandes bibliothèques publiques et même plus tard pour les bibliothèques de cette foule d'établissements civils et militaires, scientifiques et industriels, dont nous avons tracé le tableau, produisirent dans leurs développements ultérieurs des incidents regrettables. La Révolution, à son aurore, avait commencé par de brillantes utopies, en bibliographie comme en toutes choses. Les esprits distingués qui avaient fait de cette science l'objet constant et l'occupation favorite de leurs études n'avaient vu, d'abord, dans cette violente suppression des bibliothèques des communautés ecclésiastiques et dans la confiscation de celles des émigrés, que l'occasion de réaliser leur rêve d'une bibliographie universelle. Plus tard, ils s'étaient résignés à ne puiser dans cet amoncellement de tant de riches collections qu'un vaste système de bibliothèques publiques étendu à toutes les parties du territoire. La force des choses l'emporta sur leurs résolutions les plus droites et sur leurs plans les plus savamment combinés, et quand il fallut dissoudre les Dépôts littéraires, un tout autre système de répartition que celui sur lequel ils avaient fondé de si chères espérances sembla s'imposer de lui-même. Ils n'étaient plus là, d'ailleurs, les anciens membres des Commissions bibliographiques, du Comité des Quatre-Nations, de la Commission des monuments et de la Commission temporaire des arts : Ameilhon, Brecquigny, Barthélemy, Dom Brial, Dom Poirier, Mercier de Saint-Léger, Barbier, Le Blond, Grégoire, tous ces bibliographes éminents, sortis des anciennes congrégations religieuses, étaient devenus, pour la plupart, administrateurs ou conservateurs des bibliothèques enrichies par les Dépôts ou tirées de leur sein, et, il faut le reconnaître, le contrôle savant de leurs anciens fondateurs manqua trop à la liquidation définitive des Dépôts littéraires et à la composition des collections nouvelles formées de leurs débris.

Il ne faut rien exagérer, cependant, l'œuvre définitive des Dépôts littéraires fut bonne et elle a produit d'excellents résultats, dans la répartition nouvelle qu'elle a établie des immenses richesses bibliographiques de l'ancienne France.

La légitimité de leur principe a été souvent et sera toujours fort contestée, et nous n'entreprendrons pas assurément de la discuter ici. C'est la question même de la légitimité des premiers actes de la Révolution française, de la réunion au domaine de l'État des biens des corporations religieuses et civiles, et de la confiscation des biens des émigrés.

Qu'on l'accepte ou non en conscience, il faut bien en admettre, en fait, les résultats.

Les pouvoirs nationaux du temps avaient-ils le droit de réunir au domaine public les biens, et, par suite, les livres des communautés supprimées et les bibliothèques des émigrés? Heureusement ce n'est plus là la question ; mais cette réunion irrévocablement accomplie, et les bibliothèques religieuses ou civiles, communes ou privées, réunies dans les Dépôts littéraires, il faut reconnaître qu'il en a été tiré un bon parti dans l'intérêt public et dans celui des sciences et des lettres.

Sans doute, il y eut durant la Révolution de grands abus, et de grandes richesses furent perdues au milieu des convulsions de l'effervescence populaire. Les ennemis de la Révolution ont beaucoup exagéré l'importance et l'étendue de ces excès, contre lesquels le pouvoir prit les mesures les plus rigoureuses et auxquels les Dépôts littéraires restèrent complètement étrangers, sinon comme obstacles; car si l'ignorance et le fanatisme révolutionnaire des masses ont brûlé et lacéré des livres, ils en auraient assurément détruit bien davantage si les livres n'avaient pas été réunis dans les Dépôts littéraires et placés ainsi sous la sauvegarde de l'intérêt public et du pouvoir de fait quel qu'il fût.

Les sciences et les lettres, l'intérêt supérieur de la civilisation qui s'y rattache, ont-ils perdu, ont-ils gagné à cet immense et radical déplacement des richesses bibliographiques de l'ancienne France? C'est la seule question que l'on puisse poser aujourd'hui, en dehors du droit qui ne peut plus être utilement discuté. Eh bien, il suffit pour résoudre cette question de regarder où étaient et à quoi servaient ces livres autrefois ; où ils sont et à quoi ils servent aujourd'hui.

Dans les couvents de l'ancien régime, sauf peut-être dans quelques communautés d'exception, surtout à Paris, comme dans les abbayes de Saint-Victor, de Saint-Ger-

main-des-Prés, de Sainte-Geneviève où les savants religieux les mettaient volontiers à la disposition des gens de
lettres et du public; dans les bibliothèques privées, devenues pour la plupart si frivoles et si restreintes à la fin du
dernier siècle et gardées, d'ailleurs, par le plus grand
nombre de leurs possesseurs avec une préoccupation si
jalouse et si exclusive, on peut demander à quoi servaient
tous ces livres qui furent réunis dans les Dépôts.

Dans les bibliothèques nouvelles où ils ont été répartis
et dont nous venons d'esquisser le tableau, la réponse à
cette question est évidente et décisive.

A Paris, le nombre des volumes des grandes bibliothèques publiques a été doublé et leur organisation s'est complétée de la façon la plus favorable aux études. Dans les
départements, presque toutes les villes de quelque importance, réduites jusque-là aux rares et jalouses communica-
tions des livres des couvents, ont acquis des bibliothèques
publiques. Le Gouvernement y comptait, il y a douze ans,
347 bibliothèques publiques, avec un total de près de quatre
millions de volumes. Il y en a aujourd'hui près de 500. Et
la base de toutes ces bibliothèques est sortie des Dépôts
littéraires, puisque nous avons vu qu'elles ont été fondées
par la réunion des bibliothèques de district, prises dans
les Dépôts littéraires de district et des bibliothèques des
Ecoles centrales, puisées dans les Dépôts littéraires de
Paris.

Mais ces bibliothèques publiques de Paris et des départements ne sont pas les seules ni peut-être les plus importantes qui soient sorties des Dépôts littéraires. Aujour-
d'hui, grâce à eux, toute grande institution publique de
l'État, tout établissement d'instruction supérieure de tout
ordre a sa bibliothèque. Les corps politiques, le Corps
législatif, le Conseil d'État, les ministères, les grandes di-·
visions administratives qui s'y rattachent : la Cour de cassation, la Cour des comptes; les institutions spéciales qui
en dépendent, comme les Dépôts de la guerre et de la marine; les grandes écoles, qui préparent le personnel des

services publics et des grandes compagnies d'intérêt public
de toutes les classes ; l'École polytechnique, les Ponts et
Chaussées, les Mines ; les établissements scientifiques,
comme le Muséum d'histoire naturelle et le Conservatoire
des Arts-et-Métiers ; les écoles de médecine, toutes les
écoles militaires et spéciales, les évêchés et leurs séminaires,
tous les établissements d'instruction, de beaux-arts, de
bienfaisance, ont des bibliothèques puisées, à l'origine,
dans les Dépôts littéraires, bibliothèques plus ou moins
importantes, selon leur importance à eux-mêmes. Voilà
le résultat considérable de cette révolution accomplie à la
fin du dernier siècle dans la répartition des richesses bibliographiques du pays, voilà l'œuvre sortie des Dépôts littéraires, et en face de ce résultat, qui ne peut manquer
d'avoir une influence considérable sur l'avenir, on peut ou-
blier les abus qui ont pu s'accomplir pendant la crise qui
l'a produit.

Il n'y a qu'une chose que devront déplorer éternellement
les amis des lettres, c'est la destruction barbare des livres
vendus au poids ou livrés aux convenances de l'industrie
civile et militaire sous le Directoire, pour des échanges ou
pour satisfaire aux besoins de l'artillerie ; ce sont, parmi
tant d'autres, les 15,000 volumes in-folio de grand format
donnés en l'an VI et en l'an VII pour faire des cartouches ;
ce sont les livres de même condition donnés pour faire des
cylindres de papier ; ce sont les 162,650 livres pesant des
mêmes ouvrages délivrés en trois ans par le Conservateur
du Dépôt de Louis-la-Culture.

Nous ne pouvons songer sans d'amers regrets, nous
l'avouerons, à ce qui devait se trouver dans ces masses de
livres, dits de rebut, et pris pour la plupart dans certaines
catégories d'ouvrages sérieux tombés alors dans le plus
profond discrédit, et que la réaction survenue quelques
années plus tard dans les idées religieuses et politiques
ne put arracher au pilon ou au mortier qui les avait en-
gloutis, et l'expérience personnelle qui nous a fait rencon-
trer dans le concours donné au classement définitif des

rebutés d'une grande bibliothèque des livres qui en font
aujourd'hui l'ornement, confirme à cet égard tous nos regrets (174).

(174) La plupart des exemplaires à la reliure de Grollier que la
Bibliothèque de l'Arsenal expose aujourd'hui dans ses vitrines, si riches
en reliures précieuses, et montre avec orgueil aux amateurs de beaux
livres, ont été retrouvés parmi les doubles dans un travail entrepris il
y a vingt-cinq ans pour ramener l'unité dans ses collections. C'est
également parmi les livres non classés et dédaignés depuis plus d'un
demi-siècle que nous avons retrouvé les pièces nombreuses, aujour-
d'hui reliées en 27 volumes in-folio, qui ont servi à composer la collection où nous avons puisé les premiers matériaux de ce travail.

FIN.

TABLE DES MATIÈRES

Paris. — Typ. A. PARENT, rue Monsieur-le-Prince, 29-31.

PARIS. — TYPOGRAPHIE DE A. PARENT

Rue Monsieur-le-Prince, 29-31.